基礎からの
有名小受験ワーク

入試必修問題を分野毎に基礎から集中練習できる

お話の記憶
絵・図形の記憶

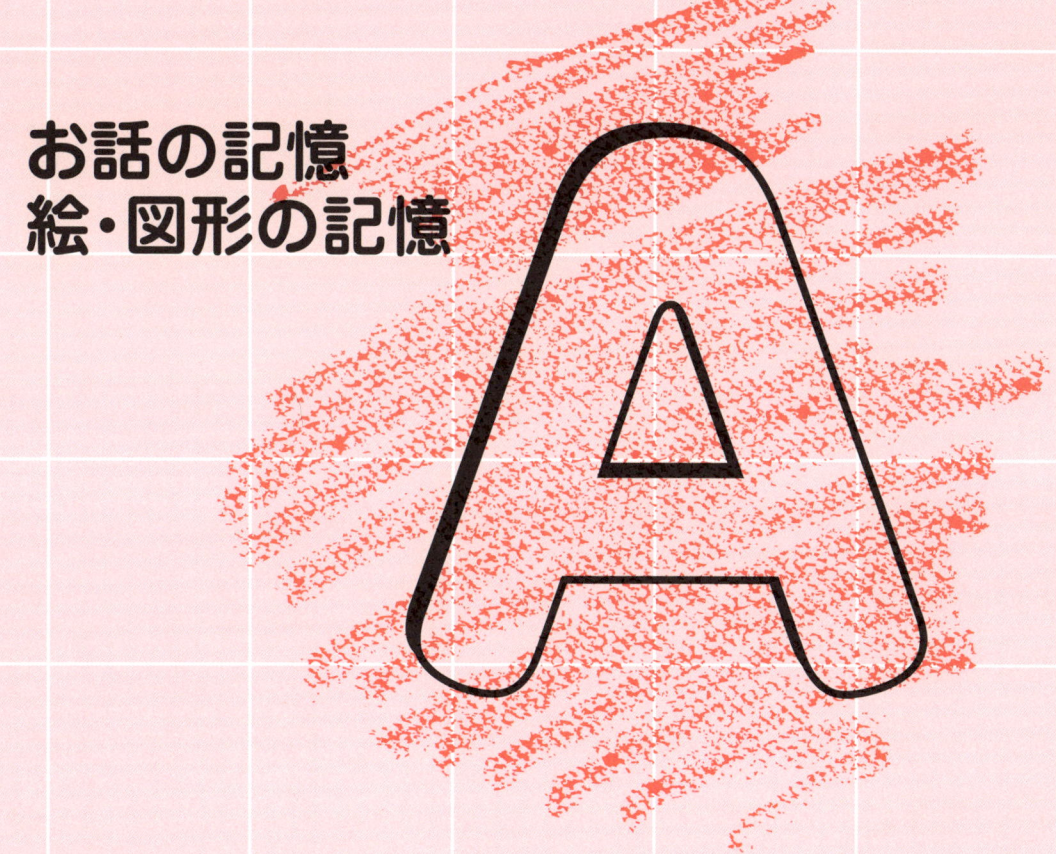

は・し・が・き

　有名小入試の為に様々な問題集を使われ、練習を重ねておられることと存じますが、お母様方から「各分野の基礎をまず固めておきたい」「苦手分野の克服に基礎力をつけたい」とのご要望にお応えし、しょうがく社では、この**基礎からの有名小受験ワーク**を編集致しました。

　このシリーズは、A.お話の記憶／絵・図形の記憶　B.図形・注意力／推理・思考　C.比較・数量／知識・常識の3冊に分かれており、各冊とも、入試必修問題を基礎から集中的に練習していただけるように配慮してあります。

　年長のお子様はもちろんのこと、年中のお子様におかれましても、初めて出会う入試問題集の一つとして気軽に楽しく取り組んでいただけるものと存じます。ぜひ、この問題集を有効にご使用いただき、志望校へ合格されますことをお祈り申し上げます。

しょうがく社幼児教室　代表　加村　憲造

企画　しょうがく社テスト事業部
編集　しょうがく社幼児教室

分野 お話の記憶

ページ	問題番号	項　目	内　　容	得　点 (100点満点)
13	A-1	お話の記憶❶	ミヨコちゃんがひとりでお留守番をする。	
14	A-2	お話の記憶❷	トオル君は動物や昆虫が大好きな男の子です。	
15	A-3	お話の記憶❸	ひな子ちゃんがお部屋の片づけをする。	
16	A-4	お話の記憶❹	ミミちゃんがお部屋の片づけをする。	
17	A-5	お話の記憶❺	ネコのニャン太くんとクマとプー助くんとウサギのミミちゃんのお話。	
18	A-6	お話の記憶❻	クマさんがキツネさんとウサギさんの家へ行く。	
19	A-7	お話の記憶❼	動物村の幼稚園で運動会の練習がありました。	
20	A-8	お話の記憶❽	ネコのキキちゃんのおばあちゃんが病気になりました。	
21	A-9	お話の記憶❾	かなえちゃんが家族で山へハイキングに行った話。	
22	A-10	お話の記憶❿	3匹のネコさんと2匹のイヌさんが公園で遊ぶ。	
23	A-11	お話の記憶⓫	動物たちが住む森の中の小さな村のできごと。	
24	A-12	お話の記憶⓬	あい子ちゃんが弟とお絵描きをしました。	
25	A-13	お話の記憶⓭	クマのお母さんは、朝ご飯のしたくをしています。	
26	A-14	お話の記憶⓮	動物村のクマさんは、この頃元気がありません。	
27	A-15	お話の記憶⓯	ウサギのミミちゃんとネコのミケちゃんは、同じ幼稚園です。	
28	A-16	お話の記憶⓰	ケンちゃんが、ボールを持って公園にやって来ました。	

分野 絵・図形の記憶

ページ	問題番号	項　目	内　　容	得　点 (100点満点)
29	A-17	絵 の 記 憶 ❶	動物や果物などをおぼえる。	
30	A-18	図形の記憶❶	複雑な模様をおぼえる。	
31	A-19	位置の記憶❶	リンゴやバナナなどの位置をおぼえる。	
32	A-20	絵 の 記 憶 ❷	左と右の両方にある絵をおぼえる。	
33	A-21	数 の 記 憶	ウサギやリスなどの数をおぼえる。	
34	A-22	図形の記憶❷	解答用紙の足りない部分をおぼえた通りに書き込む。	
35	A-23	絵 の 記 憶 ❸	文房具や衣服などをおぼえる。	
36	A-24	位置の記憶❷	図形の位置をおぼえる。	
37	A-25	絵 の 記 憶 ❹	左と右の両方にある絵をおぼえる。	
38	A-26	図形の記憶❸	複雑な模様をおぼえる。	
39	A-27	絵 の 記 憶 ❺	遊んでいる動物達や持ち物をおぼえる。	
40	A-28	位置の記憶❸	ウサギやネズミなどの位置をおぼえる。	
41	A-29	絵 の 記 憶 ❻	男の子の着ている物や持ち物をおぼえる。 等	
42	A-30	位置の記憶❹	風車のどこに、どんな動物がいるかをおぼえる。 等	
43	A-31	図形の記憶❹	図形の順序をおぼえる。	
44	A-32	総　　　　合	動物がたくさんいる風景の絵をおぼえる。	

◎各問題の制限時間は、問題の難易度を考慮して設定してあります。

受験ワークの特色と使い方

入試必修問題を分野別に集中練習できます！
入試必修の知能テスト分野である「記憶」、「図形・注意力」、「推理・思考」、「比較・数量」、「知識・常識」の中から、特定の分野を練習できます。

重要分野の基礎力を十分に身につけることができます！
各分野に、基礎力が身につく問題を用意しておりますので、お子様の実力と共に自信がぐんぐんとつき、次のステップへの踏み台となります。

にが手な分野の克服に向けて効率的に練習できます！
にが手な分野をもう一度基礎から取り組むことにより、にが手意識を克服し、確実に自分の力にしていくことができます。

実施にあたって

 **準 備**
- その日にするテスト用紙を、あらかじめ切り離しておいて下さい。
- テストの解説及び縮小版に必ず目を通し、内容を把握しておいて下さい。
- 準備するもの……鉛筆（B2本）、クレヨン（12色）

 **実 施**
- 実際の入試問題に慣れる、ということを主眼において下さい。
- 制限時間を設定してありますが、不慣れな問題は時間を制限せず、全問解けるまでじっくりと取り組ませて下さい。
- お子様が解けない問題や、効率的でない解き方をしている場合は、その都度指導してあげて下さい。
- 1日の実施枚数は、お子様が、「もう少し解きたい。」と思う程度に止めておき、「ヤル気」を引き出すようにして下さい。
- 間違えた箇所はチェックをし、繰り返し練習して下さい。

A-1　記　憶（お話の記憶❶）

昨日ミヨコちゃんのお母さんが、ミヨコちゃんのいとこのケン太くんのためにイチゴのケーキを焼いていました。ケン太くんは今日で6才になるのです。お母さんはお昼すぎにケン太くんにケーキを届けることにしました。ケン太くんのお家はバスで30分くらいの所にあります。お母さんはミヨコちゃんに留守番をたのんで「夕方までには帰ってくるからね。」と言って出かけていきました。ミヨコちゃんはひとりになるとちょっぴり心細くなりましたが、お母さんがおやつといって置いていってくれたケーキを食べながら、テレビを見ていました。テレビではかわいい子猫の物語をやっていたので、うれしくなっていつの間にか心細さも消えていました。その時、玄関のチャイムが「ピンポーン」となりました。ミヨコちゃんが「どなたですか。」と声をかけると、隣のおばあさんの声が聞こえました。ミヨコちゃんがドアを開けると、おばあさんがミカンの入ったカゴを持ってニコニコ顔で立っていました。おばあさんはミヨコちゃんに「ひとりでお留守番かい。いい子だね。」と言って、「ミカンをどうぞ。」とミヨコちゃんに渡しました。ミヨコちゃんは「どうもありがとう。」とお礼を言うと、おばあさんは帰っていきました。ミヨコちゃんはミカンを台所に置き、またテレビを見ていました。すると今度は、外から「郵便です。」と声が聞こえ、郵便屋さんがポストに手紙を入れてくれました。ちょうどその時、お母さんが帰ってきました。お母さんは「ごくろう様でした。」と郵便屋さんに声をかけました。お母さんが帰ってきてミヨコちゃんはホッとしました。お母さんはお留守番のごほうびにウサギの絵のついた靴下と手袋を買ってきてくれました。そしてケン太くんのお家でもらったおだんごとドーナツを2人で食べました。

（リンゴ）ミヨコちゃんのお母さんがケン太くんのために作ったものを見つけて○をつけましょう。
（ミカン）ケン太くんのお家まで何に乗って、30分くらいで着くと言っていましたか。その絵に○をつけましょう。
（イチゴ）お母さんがミヨコちゃんに置いていったおやつに○をつけましょう。
（ブドウ）ミヨコちゃんがテレビ番組で見た動物に○をつけましょう。
（バナナ）ミヨコちゃんが留守番をしている時に一番はじめに来た人に○をつけましょう。
（モ モ）ミヨコちゃんが留守番をしている時に二番目に来た人に○をつけましょう。
（カ キ）お母さんがミヨコちゃんの留守番のごほうびに買ってきてくれたものに○をつけましょう。
（メロン）ケン太くんのお家でもらったものに○をつけましょう。

時間 各10秒
配点 計100点
（リンゴ）10点
（ミカン）10点
（イチゴ）10点
（ブドウ）10点
（バナナ）10点
（モ モ）10点
（カ キ）20点
（メロン）20点

解答
（リンゴ）右から2番目　（ブドウ）ネコ　（カ キ）ウサギさんの絵のついた靴下と手袋
（ミカン）バス　（バナナ）右から2番目　（メロン）おだんごとドーナツ
（イチゴ）ケーキ　（モ モ）郵便屋さん

A-2　記　憶（お話の記憶❷）

トオル君は動物や昆虫が大好きな男の子です。お家ではコロというイヌとカブトムシを飼っています。コロは毛が真っ白で短くて、しっぽはまっすぐです。トオル君は毎日コロと近くの公園へ散歩に行きます。トオル君が散歩に行く時にかぶる白い野球帽をかぶって、黒いカバンを斜めにかけると、コロはワンワンと嬉しそうに鳴きます。

今日もトオル君はコロと一緒に公園へ行きました。するとお友達のアキちゃんが1人で鉄棒の練習をしていました。アキちゃんのお家は、公園の近くのパン屋さんなので、よく遊びに来るのです。コロはアキちゃんを見ると、嬉しそうに尻尾をふりました。アキちゃんはコロを撫でながら「私も犬が欲しいな。」と言いました。そこでトオル君はアキちゃんに、コロの散歩をさせてあげました。その後、コロを鉄棒にくくって2人で砂場の近くにあるブランコで遊びました。

トオル君は公園から帰ると、カブトムシの様子を見に行きました。カブトムシはトオル君がカゴの中に入れた葉っぱの上でじっとしていました。

しばらくして、お昼ご飯のスパゲティをお母さんと一緒に食べたあと、トオル君は駅前のスイミングスクールへ行きました。スイミングスクールの近くにはペットショップがあって、トオル君はいつもより道をしてしまいます。お店の中に子ネコが柵の中に2匹いました。子ネコはくっついてお昼寝をしていてとってもかわいかったので、トオル君はネコも飼いたくなりました。

それから家に帰ってコロにご飯をやっていると、おとなりの中学生のお兄さんがやってきました。そして大きな虫カゴを差し出して「僕はもう使わないからトオル君にあげるよ。」と言いました。トオル君は喜んで「ありがとう。」と言いました。さっそくもらったカゴにカブトムシを移すと、トオル君は「これでカブトムシがたくさん飼えるな。」と思いました。

（りんご）トオル君が、お家で飼っている生き物を見つけて○をつけましょう。
（みかん）コロの散歩に行く時のトオル君を見つけて○をつけましょう。
（いちご）アキちゃんのお家は、何屋さんでしょうか。ちょうどよい絵に○をつけましょう。
（バナナ）コロの散歩から帰った後、トオル君が見た時のカブトムシの様子はどうだったでしょうか。ちょうどよい絵に○をつけましょう。
（ぶどう）トオル君がお昼ご飯で食べたのは何でしたか。見つけて○をつけましょう。
（メロン）このお話に出てきた場面を全部見つけて○をつけましょう。

時間 各10秒
配点 計100点
（りんご）20点
（みかん）10点
（いちご）10点
（バナナ）10点
（ぶどう）20点
（メロン）30点

解答
（りんご）カブト虫・白い犬　（バナナ）左から2つ目
（みかん）右から2人目　（ぶどう）スパゲティ
（いちご）パン屋　（メロン）2段目左・3段目左・3段目右

A-3　記　憶（お話の記憶❸）

ある日、ひな子ちゃんはお部屋の片づけをすることにしました。はじめに机の上を雑巾で拭いて、それから出しっぱなしにしていた鉛筆と消しゴムを机の引き出しに片づけました。次に洗濯した服を全部ベッドの上に置いて、Tシャツやブラウスやスカートをきれいにたたんで、引き出しにしまっていきました。するとそのとき、引き出しの奥から前から探していたハンカチを見つけました。それは、ねこの絵がついたかわいいハンカチで、お小遣いを貯めて買ったものです。ひな子ちゃんはそのハンカチを引き出しのいちばん良く見えるところに入れました。それから次は、本棚の本を片づけることにしました。絵本を片づけているとき、ひな子ちゃんの好きな「赤ずきん」の絵本が出てきたので、ついつい読んでしまいました。するとお母さんがやって来て、「もう片付けは済んだの？」と言われたので、ひな子ちゃんはあわてて絵本を閉じて、片づけを続けました。本がきれいに片づいたあと、本棚のいちばん上に目覚まし時計を置きました。それからおしまいにおもちゃ箱を片づけることにしました。ぐちゃぐちゃに入っているおもちゃを箱から出してみると、お部屋の中は歩けないくらいおもちゃでいっぱいになりました。そのなかでいちばん多かったのは、お人形とそのお人形の洋服でした。お人形は5個とお人形の帽子やドレスもたくさんありました。ひな子ちゃんはお人形ときれいにたたんだ洋服と帽子を丁寧におもちゃ箱にしまいました。次にバラバラになったブロックとけん玉を布の袋に入れました。やっとお片づけが終わり、お母さんは、「とてもきれいね。」とほめてくれました。少しお腹のすいたひな子ちゃんは、お母さんが作ってくれたサクランボのケーキとチョコレートのケーキをおいしく食べました。

（りんご）ひな子ちゃんが、引き出しにしまったものはどれでしたか。見つけて○をつけましょう。
（みかん）ひな子ちゃんは、洗濯した服をどこに置きましたか。見つけて○をつけましょう。
（いちご）引き出しの奥に入っていたものは何でしたか。見つけて○をつけましょう。
（バナナ）ひな子ちゃんの好きなお話はどれでしたか。見つけて○をつけましょう。
（ぶどう）ひな子ちゃんが本棚のいちばん上に置いたのは何でしたか。見つけて○をつけましょう。
（メロン）ひな子ちゃんは、お人形を全部でいくつ持っていましたか。その数だけ○をかきましょう。
（か き）布の袋にいれたのは何でしたか。見つけて○をつけましょう。
（く り）お母さんが作ってくれたケーキはどれでしたか。見つけて○をつけましょう。

時間 各10秒
配点 計100点
（りんご）10点
（みかん）10点
（いちご）10点
（バナナ）10点
（ぶどう）10点
（メロン）10点
（か き）20点
（く り）20点

解答
（りんご）鉛筆と消しゴム　（バナナ）左から2番目　（か き）ブロックとけん玉
（みかん）ベッドの上　（ぶどう）目覚まし時計　（く り）左はしと右はし
（いちご）右はし　（メロン）5個

A-4　記　憶（お話の記憶❹）

ウサギのミミちゃんが、自分のお部屋のお片づけをしています。ミミちゃんのお部屋は2階にあり、ベッドの上には首にスカーフを巻いたクマさんのぬいぐるみが置いてあります。その近くに引き出しが4つあるタンスがあります。ミミちゃんは1番上の引き出しにはお花のついたハンカチを、一番下の引き出しにはサクランボのついた靴下をしまいました。タンスの隣は本棚です。本棚には遊園地へ行った時にお友達のリスさんと2人で撮った写真と、海水浴へ行った時に拾った貝殻を入れたお皿が置いてあります。ミミちゃんは、お母さんと一緒に拾ったその貝殻を、いつもピカピカにみがいています。靴下をしまった後、今度は引き出しの真ん中の上にある赤い水玉のクッションの上にあった赤ずきんの絵本を本棚になおしました。

それから勉強机の上を片付けました。クーピーと色鉛筆を分けて、クーピーはイチゴジャムの空き瓶に、色鉛筆はハチミツの空き瓶にそれぞれ入れました。消しゴムの消しくずは、集めてゴミ箱に捨てて机の上を雑巾で拭きました。鉛筆削りのくずもゴミ箱に捨てました。それからのりとハサミは一番上の引き出しに、クレヨンは上から2番目の引き出しに入れました。そして、一番下の引き出しには、折り紙や使っていないノートなどを入れました。

その後、ミミちゃんはオモチャを片付けました。積み木は箱に並べて、星の絵が描いてあるおもちゃ箱に入れました。ブロックはイヌさんの絵が描いてある小さなバケツに入れて、おもちゃ箱に入れました。しま模様の洋服を着た女の子のお人形はタンスの上に座らせました。最後に掃除機をかけると、お片づけは終わりです。「片付いたお部屋は気持ちいいな。」と思っていると、お母さんがおやつにドーナツとクッキーを持って来てくれました。そしてお部屋の中を見て、「1人できれいに片付けられたね。」と言ってほめてくれました。ミミちゃんは手を洗って、お部屋でお母さんと一緒におやつを食べました。

（リンゴ）ミミちゃんのベッドの上に置いてあるクマのぬいぐるみはどれですか。見つけて○をつけましょう。
（ミカン）ミミちゃんが、タンスの一番上の引き出しに入れたものには○を、タンスの一番下の引き出しに入れたものには△をつけましょう。
（イチゴ）本棚の上に置いてある写真はどれでしたか。見つけて○をつけましょう。
（バナナ）ミミちゃんが本棚に片付けた絵本はどれでしたか。見つけて○をつけましょう。
（ブドウ）色鉛筆はどこに入れましたか。見つけて○をつけましょう。
（メロン）机の上から2番目の引き出しに入れたものは何でしたか。見つけて○をつけましょう。
（カ キ）タンスの上に座らせたお人形はどれでしたか。見つけて○をつけましょう。
（スイカ）お母さんが持ってきてくれたおやつはどれでしたか。見つけて○をつけましょう。

時間 各10秒
配点 計100点
（リンゴ）10点
（ミカン）20点
（イチゴ）10点
（バナナ）10点
（ブドウ）10点
（メロン）10点
（カ キ）10点
（スイカ）20点

解答
（リンゴ）右はし　（バナナ）あかずきんちゃん　（カ キ）右はし
（ミカン）○→右上、△→右下　（ブドウ）右から2番目　（スイカ）ドーナツとクッキー
（イチゴ）左はし　（メロン）クレヨン

A-5 記憶（お話の記憶⑤）

問題

ある日、ネコのニャン太くんとクマのブー助くんとウサギのミミちゃんは、夕ごはんにハンバーグを作ろうと思い、森のリスさんのお店までお買物に行くことにしました。外はとても寒そうなので、ニャン太くんは手袋をはめ、ブー助くんはマフラーをしました。ミミちゃんも、毛糸の帽子をかぶりました。3匹は森の中をどんどん歩いて、リスさんのお店に着きました。そこで、ハンバーグに使う玉子を3つと牛乳を2本とタマネギを5個買いました。そして3匹がお店を出ようとすると、雪が降っていました。リスさんは雪が冷たいからといってみんなにレインコートを貸してくれました。3匹はリスさんにお礼を言ってお店を出ました。降りたての雪が積もって道はふかふかしていました。森の中を歩いていると、ニャン太くんはドングリを見つけました。よく見てみると、雪の下にドングリが落ちています。そこで3匹は、今日のおやつにするためにドングリを拾うことにしました。ニャン太くんは4個、ブー助くんは2個、ミミちゃんは3個拾いました。そしてまた森の中を歩いてお家に帰りました。そして3匹で仲良くドングリを食べて、夕ごはんにはおいしいハンバーグも食べました。

時間 各10秒
配点 計100点

(リンゴ)10点
(ミカン)10点
(イチゴ)10点
(ブドウ)10点
(バナナ)20点
(モ　モ)20点
(カ　キ)20点

(リンゴ)3匹の動物達が夕ごはんに作ろうと思ったのはどれですか。見つけて○をつけましょう。
(ミカン)お話の季節はいつでしたか。その季節の絵を見つけて○をつけましょう。
(イチゴ)手袋をはめて買物に行ったのは誰でしたか。見つけて○をつけましょう。
(ブドウ)玉子は何個買いましたか。その数だけ○をかきましょう。
(バナナ)リスさんがみんなに貸してくれたのは何でしたか。見つけて○をつけましょう。
(モ　モ)3匹が拾ったドングリは合わせていくつになりますか。その数だけドングリの絵に○をつけましょう。
(カ　キ)お話に出てこなかった動物を見つけて○をつけましょう。

解答
(リンゴ)ハンバーグ　　(ブドウ)3個　　(カ　キ)イヌ，サル
(ミカン)上段左　　(バナナ)レインコート
(イチゴ)ネコ　　(モ　モ)9個○をつける

A-6 記憶（お話の記憶⑥）

問題

ある日クマさんは、キツネさんと一緒にウサギさんのお家へ遊びに行くことになりました。ウサギさんのお家は、小さな川のそばにある2階建てのお家です。クマさんが玄関のドアをノックすると、ウサギさんが出てきました。ウサギさんは、耳にかわいいしま模様のリボンをつけていました。ウサギさんはクマさん達に、紅茶とクッキーを出してくれました。とてもおいしかったので、クマさん達はパクパク食べて、すぐになくなってしまいました。そして、みんなで楽しくおしゃべりをしました。

しばらくすると、お庭の横の道をパンダさんが自転車に乗って通り過ぎました。ウサギさんが、「パンダさん、こんにちは。一緒にお茶を飲みませんか。」と声をかけると、パンダさんは、「ありがとう。」と言って、お庭の中に入ってきました。そして、一緒にお茶を飲みながら楽しくおしゃべりをしました。

お昼になった頃、みんなはさよならをして、それぞれのお家へ帰りました。キツネさんは、お家へ帰る途中パン屋さんに寄って、お昼ごはんのために、ハンバーガーとジュースを買って帰りました。

その日は、夕方から雨が降りだしました。クマさんはお部屋のお掃除をしていましたが、雨が気がつくと、アサガオとひまわりの植木鉢をお庭に出して、雨がかかるようにしました。ウサギさんは、明日がお誕生日のリスさんとクマさんのために、ケーキを作りました。リスさんとクマさんは、明日のお誕生日会の準備で忙しそうにしていました。

時間 各10秒
配点 計100点

(りんご)10点
(みかん)10点
(いちご)10点
(バナナ)10点
(ぶどう)10点
(メロン)10点
(か　き)20点
(く　り)20点

(りんご)クマさんは誰と一緒にウサギさんのお家へ行きましたか。見つけて○をつけましょう。
(みかん)ウサギさんのお家はどれですか。見つけて○をつけましょう。
(いちご)この日のウサギさんはどれですか。見つけて○をつけましょう。
(バナナ)ウサギさんが出してくれたものはどれですか。見つけて○をつけましょう。
(ぶどう)自転車に乗ってやってきたのは誰ですか。見つけて○をつけましょう。
(メロン)キツネさんのお昼ご飯はどれですか。見つけて○をつけましょう。
(か　き)雨が降ってきた時、クマさんがお庭に出したものはどれですか。見つけて○をつけましょう。
(く　り)明日は誰のお誕生日ですか。見つけて○をつけましょう。

解答
(りんご)キツネさん　　(バナナ)紅茶とクッキー　　(か　き)アサガオとひまわりの植木鉢
(みかん)右はし　　(ぶどう)パンダさん　　(く　り)リスさんとクマさん
(いちご)左はし　　(メロン)ハンバーガーとジュース

A-7 記憶（お話の記憶⑦）

問題

動物村の幼稚園ではもうすぐ運動会。今日もその練習がありました。運動会では、赤・紫・黄色・緑の4つのグループに分かれて、かけっこをしたり、玉入れをしたり、綱引きをしたり、大玉転がしやリレー、それに楽しいダンスもすることになっています。今日は初めて入場行進の練習がありました。音楽に合わせて元気よく手と足を上げて歩くのですが、リスさんは右手と右足、左手と左足が一緒に上がっていますし、ウサギさんは歩くリズムが音楽に合っていません。2人ともブタ先生に注意されました。行進の次は、グループ別で4人ずつ走るかけっこの練習です。みんな頑張って走っていましたが、紫組のキツネさんは途中で転んでしまいました。でも、すぐ起き上がって最後まで走りました。次は玉入れの練習です。1回目は緑組が1位になりました。玉は6個入りました。2回目は紫組が1位になりました。玉は7個入りました。玉入れの次は綱引きです。緑組は黄色組と、紫組は赤組とそれぞれ綱引きをしましたが、黄色組と紫組が勝ちました。その後、大玉転がしとリレーの練習をして、最後にダンスの練習をしました。ダンスは「ドレミの歌」に合わせて踊るのですが、パンダさんは元気よく楽しく踊っていたので、ブタ先生にほめられました。反対にコアラさんはおしゃべりをしたり、ふざけたりしていたので、校長先生のキリン先生から注意を受けて、反省をしていました。今日は風邪でヒツジさんがお休みでしたが、みんなで練習を積んで、全員そろって楽しい運動会を迎えたいなと動物さんたちは思いました。

時間 各10秒
配点 計100点

(リンゴ)15点※完答
(ミカン)10点
(モ　モ)10点
(カ　キ)15点
(ブドウ)15点※完答
(バナナ)10点
(レモン)10点
(サクランボ)15点※完答

(リンゴ)行進の練習で注意された動物に○をつけましょう。
(ミカン)かけっこの練習で転んでしまった動物に○をつけましょう。
(モ　モ)キツネさんは何色の組でしたか。同じ色のものに○をつけましょう。
(カ　キ)2回目の玉入れで1位になった紫組が入れた玉の数だけ○をかきましょう。
(ブドウ)綱引きで勝った組の色と同じ色のものに○をつけましょう。
(バナナ)ダンスの練習でほめられた動物に○をつけましょう。
(レモン)ダンスの練習で注意された動物に○をつけましょう。
(サクランボ)校長先生には○を、風邪で休んでいた動物に△をつけましょう。

解答
(リンゴ)ウサギ，リス　　(カ　キ)7個　　(レモン)コアラ
(ミカン)キツネ　　(ブドウ)トマト，バナナ　　(サクランボ)キリンに○，ヒツジに△
(モ　モ)ナス　　(バナナ)パンダ

A-8 記憶（お話の記憶⑧）

問題

ネコのキキちゃんのおばあちゃんが病気になりました。キキちゃんは、お見舞いに行くことになりました。お母さんが、「おばあちゃんの大好きなリンゴとメロンを持って行きなさい。それからもう1つ目覚まし時計を持って行ってあげてね。」と言ったので、キキちゃんは頼まれた物を、ポケットが2つとお花が1ついったカバンに入れて出かけました。家を出るとすぐにスズメさんに会いました。「ねー、スズメさん。私のおばあちゃんの病気の具合はどうかしら？」と聞くと、「この頃行っていないから知らないよ。」と言って飛んで行ってしまいました。またしばらく行くとヒマワリ畑が見えてきました。その横を通り小さな橋を渡ると、いつも遊ぶ広場に出ました。広場ではお友達がたくさん遊んでいました。サルさんとキツネさんはテニスをして、タヌキさんとリスさんは鬼ごっこをして遊んでいました。

すると、「キキちゃーん、どこへ行くの？一緒に遊ぼうよ。」とタヌキさんが声をかけてきたので、「ごめん！今からおばあちゃんが病気なのでお見舞いに行くのよ。」と言うと、「それは大変、ではよろしく伝えてね。」とタヌキさんが言いました。またしばらく行くと松の木のところで道が2つに分かれていました。「えー、おばあちゃんのお家はどっちだったかしら？」キキちゃんが困っていると、イヌさんがやってきました。「どうしたの？」と聞くので、「おばあちゃんのお家に行くのに、どっちへ行ったらいいかわからなくなったの。」と言うと、「なーんだ、キキちゃんのおばあちゃんのお家は、左の道をまっすぐ行って、大きな杉の木をこえたところにあるよ。それから、おばあちゃんがキキちゃんに会うのを楽しみにしていたよ。」と言ったので、キキちゃんはそれからはかけ足でおばあちゃんの家に行きました。

時間 各10秒
配点 計100点

(リンゴ)10点
(ミカン)20点※完答
(バナナ)10点
(ブドウ)10点
(イチゴ)15点※完答
(ク　リ)15点※完答
(メロン)10点
(モ　モ)10点

(リンゴ)キキちゃんを見つけて○をつけましょう。
(ミカン)キキちゃんがお見舞いに持っていったものは何でしたか。答えを見つけて○をつけましょう。
(バナナ)キキちゃんのカバンを見つけて○をつけましょう。
(ブドウ)キキちゃんがお家を出て、いちばんはじめに会ったのは誰でしたか。答えを見つけて○をつけましょう。
(イチゴ)広場でテニスをして遊んでいたのは誰でしたか。答えを見つけて○をつけましょう。
(ク　リ)広場で鬼ごっこをして遊んでいたのは誰でしたか。答えを見つけて○をつけましょう。
(メロン)おばあちゃんのお家へ行くには、何の木のところを左へ行きましたか。答えを見つけて○をつけましょう。
(モ　モ)今のお話の季節はいつですか。同じ季節の絵を見つけて○をつけましょう。

解答
(リンゴ)ネコ　　(ブドウ)スズメ　　(メロン)右はし
(ミカン)リンゴ，とけい，メロン　　(イチゴ)サル，キツネ　　(モ　モ)たなばた
(バナナ)右はし　　(ク　リ)リス，タヌキ

A-9 記　憶（お話の記憶⑨）

かなちゃんはお父さんとお母さんと妹と一緒に、山へハイキングに行きました。はじめに電車に乗って山の近くの駅まで行きました。それからハイキングコースを歩きました。道端にはチューリップの花が咲いていて、チョウチョが花から花へと飛び回っていました。しばらく歩いてお腹がすいたので、お昼にしました。お弁当はお母さんの作ってくれたサンドイッチでした。とってもおいしかったので、かなちゃんと妹は3個ずつ食べました。その後でおやつのクッキーをかなちゃんは4枚、妹は5枚食べました。お昼を食べた後ハイキング用の自転車を借りました。自転車に乗っていると、妹のカバンにチョウチョがとまりました。しばらく走っていると少し暑くて来たので、帰りはバスに乗って帰って来ました。家の近くのバス停に着いた時には少し雨が降り始めていました。

時間　各10秒
配点　計100点

（リンゴ）10点
（ミカン）10点
（イチゴ）10点
（ブドウ）10点
（バナナ）10点
（レモン）15点
（カ　キ）15点
（メロン）15点

（リンゴ）かなちゃん達が乗って行った乗り物に○をつけましょう。
（ミカン）道端に咲いていた花に○をつけましょう。
（イチゴ）このお話と同じ季節のものに○をつけましょう。
（ブドウ）お母さんが作ってくれたお弁当に○をつけましょう。
（バナナ）かなちゃんと妹が2人で食べたクッキーの数だけ○をかきましょう。
（レモン）お弁当を食べた後で乗った乗り物に○をつけましょう。
（カ　キ）チョウチョがとまったものに○をつけましょう。
（メロン）家の近くまで帰って来た時のお天気に○をつけましょう。

解答
（リンゴ）電車　　　　（ブドウ）上段左　　　　（カ　キ）カバン(リュックサック)
（ミカン）チューリップ　（バナナ）9個　　　　（メロン）左から2番目
（イチゴ）こいのぼり　　（レモン）自転車

A-10 記　憶（お話の記憶⑩）

ある秋のお天気のよい日、3匹のネコさんたちと2匹のイヌさんたちが公園で遊んでいました。ネコさんたちは、1匹は男の子で、あとの2匹は女の子です。イヌさんたちは、2匹とも男の子です。最初、3匹のネコさんたちと2匹のイヌさんたちは、一緒にバケツとスコップを使って、砂場で遊んでいましたが、途中で2匹のイヌさんたちがジャングルジムに登って遊びはじめました。そこで3匹のネコさんたちは、ブランコで遊ぶことにしました。その後、2匹の女の子のネコさんたちは、シーソーで遊びました。そこにワンピースを着たウサギさんがやって来て、シーソーの片方に乗りました。すると片方だけ重くなってしまって、シーソーがうまく動かなくなってしまいました。そこに2匹のイヌさんのうちの1匹がシーソーの反対側に座ると、シーソーはまた元通りに動くようになりました。合わせて4匹の動物さんたちは、「ぎったん、ばったん」と言いながら楽しく遊びました。シーソーのあと、男の子たち3匹は、イヌさんたちが持ってきたビー玉で遊びました。女の子たち2匹は、すべり台で順番に滑って遊びました。しばらくすると、公園の隣にある学校と教会の鐘が鳴りました。それを聞いた2匹の女の子のネコさんたちは、「ピアノ教室へ行く時間になったから、先に帰るわね。」と言って、帰って行きました。残った動物さんたちは、またいろんな事をして遊びました。公園の時計が5時になったときに、みんなお家に帰りました。ウサギさんと男の子のネコさんは、お家が近いので一緒に帰りました。帰る途中、歩道橋を渡っているとき、お寺の向こうの方に、夕日が沈んでいくのが見えました。夕日は真っ赤でとてもきれいだったので、2匹の動物さんたちはしばらく止まって眺めていました。気がつくと暗くなってきたので、急いでお家に帰りました。ウサギさんがお家に着いてから手を洗っていると、お母さんに「晩ご飯の前にお風呂に入りなさい。」と言われたので、そのあとお風呂に入りました。

時間　各10秒
配点　計100点

（りんご）10点
（みかん）10点
（いちご）10点
（バナナ）10点
（ぶどう）10点
（メロン）20点
（か　き）20点
（く　り）10点

（りんご）今のお話と同じ季節の絵に○をつけましょう。
（みかん）5匹の動物たちが最初に遊んでいた場所に○をつけましょう。
（いちご）ブランコで遊んだ動物たちに○をつけましょう。
（バナナ）シーソーで遊んだ4匹の動物たちに○をつけましょう。
（ぶどう）3匹の男の子たちが遊んだものに○をつけましょう。
（メロン）公園の隣の建物に○をつけましょう。
（か　き）最初に帰った動物2匹に○をつけましょう。
（く　り）お風呂に入った動物に○をつけましょう。

解答
（りんご）右はし　　　（バナナ）左はし　　　　（か　き）左から3番目と右から2番目
（みかん）砂場　　　　（ぶどう）ビー玉　　　　（く　り）ウサギさん
（いちご）3匹のネコさん　（メロン）学校と教会

A-11 記　憶（お話の記憶⑪）

ここは動物たちが住む、森の中の小さな村です。村の真ん中には、大きなリンゴの木とクリの木が立っています。そのすぐそばには、クマの村長の家があります。みんなで果物や野菜を育てたり、川で遊んだりして、仲良く暮らしていました。ある日、クマの村長の家にウサギがやってきて、「川のそばで誰かがたおれているの。」と言いました。そこで、村長とウサギは、サルのお医者さんを連れて川のそばまで行きました。そこには、1羽のカモメがいました。カモメは、つかれた様子であまり元気がありません。サルのお医者さんが、「ゆっくり休ませてあげよう。」と言ったので、ウサギはカモメを原っぱに連れて行って、寝かせてあげました。そこはとても気持ちのいい風がふいていて、カモメはすぐに眠ってしまいました。目をさますと、ネコがやってきて、「これを飲んだら元気が出るよ。」と言って、どんぐりのスープを飲ませてくれました。そのスープがとてもおいしかったので、カモメはすっかり元気になりました。カモメは、「ありがとう。僕は、いろんな種を集めながら、旅をしているんだ。お礼に種を1つプレゼントさせておくれよ。」と言って、かばんを開けました。そこにはいろんな形をした種がたくさん入っていました。それを見たリスとニワトリが、「この森では見たことのない種がいいな。」と言いました。するとカモメは、「じゃあ、遠い南の島のマンゴーの種をあげるね。」と言いました。みんなで畑に行き、マンゴーの種を植えた後、最後にカモメが羽根でパタパタあおぐと、不思議なことに、すぐに芽が出てきました。みんなは、顔を見合わせて大喜びしました。その後、カモメがさようならをしようとすると、イヌがやってきて、「途中でお腹がすかないように、これを持っていってね。」と星の形をしたクッキーをカモメに渡しました。カモメはお礼を言って、空へ飛んでいきました。

時間　各10秒
配点　計100点

（りんご）10点
（みかん）20点
（いちご）10点
（バナナ）10点
（ぶどう）10点
（メロン）10点
（か　き）20点
（も　も）10点

（りんご）森の中にある小さな村長は誰でしたか。見つけて○をつけましょう。
（みかん）村長の家は、何の木のそばにありましたか。2つ見つけて○をつけましょう。
（いちご）カモメを見つけたのは誰でしたか。見つけて○をつけましょう。
（バナナ）カモメはどこで眠りましたか。見つけて○をつけましょう。
（ぶどう）カモメにスープをくれたのは誰でしたか。見つけて○をつけましょう。
（メロン）そのスープは、何のスープでしたか。見つけて○をつけましょう。
（か　き）カモメに、「この森では見たことのない種がいいな。」と言ったのは誰でしたか。見つけて○をつけましょう。
（も　も）カモメが最後にもらったのは何だったでしょうか。見つけて○をつけましょう。

解答
（りんご）クマ　　　　　　　（バナナ）まん中　　　　（か　き）リスとニワトリ
（みかん）リンゴの木とクリの木　（ぶどう）ネコ　　　　　（も　も）右はし
（いちご）ウサギ　　　　　　（メロン）どんぐり

A-12 記　憶（お話の記憶⑫）

ある日、あい子ちゃんは弟のトモくんとお絵描きをしました。あい子ちゃんはお花畑の中に女の子がいるところを描こうと思いました。まず紙のまん中に女の子を描きました。リボンのついた水色の帽子をかいて頭にかぶせました。その女の子のまわりにオレンジ色のクレヨンでお花を描き、次に緑色のクレヨンで葉っぱを描きました。トモくんは赤のクレヨンで大好きなりんごを描きました。途中でお母さんがホットケーキとジュースを持って来てくれました。お母さんは水色のクレヨンでかわいい小鳥を描いてくれました。あい子ちゃんとトモくんはお母さんの持って来てくれたおやつを食べながら、お母さんの絵を見ていました。次にお母さんは黄色のクレヨンでライオンを、ピンク色のクレヨンでウサギを描いてくれました。二人はお母さんの絵を見ているうちに動物の絵を描きたくなったので、自分の描いた絵のまわりに動物の絵を描きました。それで、あい子ちゃんの絵もトモくんの絵もとても楽しい絵になりました。

時間　各10秒
配点　計100点

（リンゴ）10点
（ミカン）10点
（メロン）10点
（パイナップル）10点
（モ　モ）15点
（ブドウ）15点
（イチゴ）15点
（ク　リ）15点

（リンゴ）あい子ちゃんとトモくんは何をしていましたか。
（ミカン）あい子ちゃんが水色のクレヨンで描いたものは何でしたか。
（メロン）あい子ちゃんがオレンジ色のクレヨンで描いたものは何でしたか。
（パイナップル）トモくんは何の絵を描いていましたか。
（モ　モ）2人が食べたおやつは何でしたか。
（ブドウ）お母さんが水色のクレヨンで描いたものは何でしたか。
（イチゴ）お母さんが黄色のクレヨンで描いたものは何でしたか。
（ク　リ）お母さんがピンク色のクレヨンで描いたものは何でしたか。

解答
（リンゴ）左から2番目　　　（パイナップル）リンゴ　　（イチゴ）ライオン
（ミカン）リボンのついたぼうし　（モ　モ）上段右　　　　（ク　リ）ウサギ
（メロン）花　　　　　　　　（ブドウ）小鳥

A-13 記憶（お話の記憶⑬）

問題

クマのお母さんは、朝起きるとすぐにエプロンをつけて、朝ご飯のしたくをします。お母さんのエプロンには胸のところにお花が1つついていて、ポケットが2つあります。お母さんの作るサンドイッチのいいにおいで、クマさんは目がさめました。サンドイッチにはハムとレタスがたっぷり入っていて、クマさんの大好きな朝ご飯です。クマさんは朝ご飯を食べる前に、牛乳をとりに行きました。牛乳を入れる黄色い箱の横には、かわいいチューリップが咲いていました。牛乳を持って家へ入ると、お父さんが起きていて、コーヒーを飲んでいました。そして、「今日は仕事が休みだから、近くの公園へ虫採りに行こう。」と言いました。クマさんのお父さんはさかな屋をしています。クマさんはお母さんに、お父さんは虫カゴを持って出かけました。お母さんは、「今のうちにお洗濯しましょう。」と言って、お庭の物干しにたくさんの洗濯物を干しました。お昼過ぎになって、クマさん達は帰ってきました。虫カゴの中には、チョウチョが2匹入っていました。クマさんはチョウチョをお母さんに見せてから、お庭に逃がしてあげました。

（イチゴ）クマさんの朝ご飯には〇を、朝とりに行ったものには×をつけましょう。
（ブドウ）クマのお父さんのお仕事は何ですか。ちょうどよい絵に〇をつけましょう。
（メロン）黄色い箱の横に咲いていたお花を見つけて〇をつけましょう。
（パイナップル）虫採りに行くときにクマさんが持っていったものを見つけて〇をつけましょう。

時間　各10秒
配点　計100点

・（イチゴ）10点
（ブドウ）10点
（メロン）10点
（パイナップル）10点

・（イチゴ）15点
（ブドウ）15点
（メロン）15点
※完答
（パイナップル）15点

キツネさん達の通っている幼稚園は森の中にあります。今日はお天気がいいので、みんなで野原に新しくできた公園に行って遊ぶことになりました。公園の入り口まで来た時、キリン先生はみんなに言いました。「3時になったら、カスタネットをタンタンタンと3回たたいて合図をします。その音を聞いたら入り口に集まって下さい。みんな一緒に帰りたいと思います。それと、公園の外には川が流れています。川を渡って向こう側には行かないでね。約束ですよ。」みんなは、「はーい。」と元気良く答えて、走って遊びに行きました。キツネさんはブランコを、リスさんとタヌキさんは仲良くシーソーをしました。ブタさんは持ってきたボールを投げて遊んでいましたが、投げたボールが公園の外に出てしまいました。そこで、探しに行くと川のそばに落ちていて、すぐに見つけました。「ちょっとだけならだいじょうぶ。」と思ったブタさんは、川にかかっていた丸太の橋を渡って向こう側へと遊びに行ってしまいました。3時になってキリン先生のカスタネットの音を聞いた動物さん達は集まりましたが、ブタさんだけは帰ってきません。川の向こう側まで行ったので、カスタネットの音が聞こえなかったのです。心配したキリン先生が探しに行くと、川にかかっていたはずの丸太の木の橋が落ちてしまい、公園の方にもどれなくて泣いているブタさんを見つけました。「約束をやぶって川を渡ってごめんなさい。」と、ブタさんはあやまりました。

（イチゴ）3時になったらキリン先生はどんな楽器をたたいて合図をしましたか。見つけて〇をつけましょう。
（ブドウ）キツネさんは公園で何をして遊びましたか。見つけて〇をつけましょう。
（メロン）シーソーで遊んだのは誰でしたか。見つけて〇をつけましょう。
（パイナップル）川の向こう側に行ってもどれなくなったのは誰でしたか。見つけて〇をつけましょう。

解答
・（イチゴ）サンドイッチに〇、牛乳に×
（ブドウ）まん中
（メロン）チューリップ
（パイナップル）あみ

・（イチゴ）カスタネット
（ブドウ）ブランコ
（メロン）リス・タヌキ
（パイナップル）ブタ

A-14 記憶（お話の記憶⑭）

問題

動物村のクマさんは、この頃元気がありません。自分のお部屋にペンキで色を塗っている途中で椅子から落ちてしまい、足を怪我してしまったからです。お部屋に水色と黄色までは塗ることが出来たのですが、高い所の赤色と緑色がまだ残っていました。クマさんが心配でいつもお家に来てくれるリスさんは体が小さいので、たくさんの色を塗ることができません。怪我をした足を診てくれる医者のヤギさんはおじいさんなので、高い所にははっかれません。そんな時、ウサギさんの兄弟が隣りの村からやって来ました。リスさんが、村のレストランでスパゲティを食べていたウサギさんに、クマさんのことを話すと「まかせてよ。」と次の日にお家まで来てくれることになりました。リスさんが、クマさんのお家の前にあるお花畑で待っていると、自転車に乗ったウサギさんがやって来ました。お家の中に入ったウサギさんは、さっそく色を塗り始めました。高い所もはしごを2人で順番に使い、きれいに塗ることが出来ました。それを見ていたクマさんは本当に嬉しそうでした。そしてお礼にお兄さんにはメロンを1個とリンゴを4個、弟さんにはミカンを3個とモモを2個渡しました。ウサギさんたちは「困ったことがあったら、又来るよ。」と言って、もらった果物を青い袋に入れて、帰っていきました。

時間　各10秒
配点　計100点

（キャベツ）10点
（トマト）20点
（ナス）10点
（タマネギ）10点
（ニンジン）10点
（ダイコン）10点
（ピーマン）10点
（キュウリ）20点

（キャベツ）クマさんはどこから落ちて怪我をしましたか。
（トマト）クマさんのお部屋で塗ることができていない色と同じものはどれですか。
（ナス）クマさんのお家にいつも来ている生き物はどれですか。
（タマネギ）お医者さんは誰ですか。
（ニンジン）ウサギさんがレストランで食べていたものはどれですか。
（ダイコン）ウサギさんが乗っていた乗り物はどれですか。
（ピーマン）ウサギさんが高い所を塗る時に使ったものはどれですか。
（キュウリ）クマさんがウサギのお兄さんに渡したものには〇を、弟さんに渡したものには△をつけましょう。

解答
（キャベツ）イス
（トマト）キュウリ,イチゴ
（ナス）リス
（タマネギ）ヤギ
（ニンジン）スパゲティ
（ダイコン）自転車
（ピーマン）はしご
（キュウリ）2段目左に〇, 3段目右に△

A-15 記憶（お話の記憶⑮）

問題

いつも仲良しのウサギのミミちゃんとネコのミケちゃんはヒマワリ幼稚園に通っています。今日、ミミちゃんとミケちゃんのいるあか組では、みんなで「おつかいありさん」を演奏しました。ミミちゃんはトライアングル、ミケちゃんはスズでした。とても上手に演奏したので、あか組のキツネのコン子先生がほめてくれました。幼稚園がおわって、2人は家の近くまで一緒に帰りました。ミミちゃんは帰ってすぐに手洗いとうがいを済ませてから、おやつのプリンを食べました。ミケちゃんは帰って手洗いもしないで、すぐにおやつのクッキーを食べようとしました。するとお母さんに「手を洗って、うがいをしてからおやつを食べなさい。」と叱られました。おやつを食べた後、ミミちゃんはミケちゃんの家に電話をかけました。「今からミケちゃんの家に遊びに行ってもいい？」そう尋ねると、ミケちゃんは「いいわよ。」と答えてくれたので、ミミちゃんはぬり絵の道具を持って、ミケちゃんの家へ出かけました。2人はお部屋ではじめに大好きな積み木遊びをしました。その次にままごと遊びをして、その後ぬり絵をして遊びました。ミミちゃんはチョウチョの絵を、ミケちゃんはお家の絵をきれいにぬりました。それから2人で近くの公園へ行って、スベリ台とジャングルジムで遊びました。

（リンゴ）ミミちゃんとミケちゃんの2人はヒマワリ幼稚園の何組でしたか。同じ色のものを見つけて〇をつけましょう。
（ミカン）ミミちゃんが演奏したときに使った楽器は何でしたか。見つけて〇をつけましょう。
（イチゴ）ミミちゃんたちは何のお歌を演奏しましたか。そのお歌の絵に〇をつけましょう。
（モモ）ミミちゃんの組の先生は誰でしたか。見つけて〇をつけましょう。
（バナナ）ミミちゃんとミケちゃんのおやつは何でしたか。ミミちゃんのおやつには〇、ミケちゃんのおやつには△をつけましょう。
（レモン）お母さんに叱られたのは誰でしたか。ミミちゃんだと思う人はヒコウキに〇、ミケちゃんだと思う人はフネに〇、お父さんだと思う人はクルマに〇を下の箱にかきましょう。
（カキ）ミケちゃんのぬった絵はどれですか。見つけて〇をつけましょう。
（ブドウ）ミミちゃんとミケちゃんは公園へ行って、何で遊びましたか。遊んだもの全部に〇をつけましょう。

時間　各10秒
配点　計100点

（リンゴ）10点
（ミカン）10点
（イチゴ）10点
（モモ）10点
（バナナ）20点
（レモン）10点
（カキ）10点
（ブドウ）20点

解答
（リンゴ）トマト
（ミカン）トライアングル
（イチゴ）おつかいありさん(右はし)
（モモ）キツネのコン子先生(右はし)
（バナナ）プリンに〇、クッキーに△
（レモン）フネ
（カキ）お家(まん中)
（ブドウ）スベリ台、ジャングルジム

A-16 記憶（お話の記憶⑯）

問題

ケンちゃんが、ロケットの絵のかいてあるボールを持って公園にやってきました。公園には松の木がたくさん植えてあって、気持ちのいい木陰があります。しばらくすると、カナちゃんがやってきました。カナちゃんは、星の絵のTシャツを着て、お花の絵のかいてあるバケツとスコップをを持ってきました。2人はケンちゃんのボールで遊んだあと、砂場でお山を作って遊びました。そして気がつくと、ケンちゃんのボールがなくなっていました。2人は一生懸命公園の中を探しましたが、ボールは見つかりません。ケンちゃんが泣きそうになっていると、犬を連れたお兄さんがやってきて「このボールは君たちのかい。」と聞きました。2人が見てみると、お兄さんの持っているボールはケンちゃんのボールでした。ケンちゃんはお兄さんにお礼を言うと、カナちゃんとさよならしてボールを持ってお家に帰りました。そしてなくさないように、お庭にある木の箱の中にしまいました。

そして手を洗ってから自分のお部屋へ行って、「かちかち山」の絵本を読みました。するといつの間にか眠ってしまいました。夕方になってお腹がすいて目が覚めたケンちゃんは、お母さんに「今日の晩ごはんは、なあに。」と聞きました。するとお母さんは「今日は、カレーライスとサラダよ。」と言いました。ケンちゃんはカレーライスは大好きですが、野菜が苦手です。でもテーブルの上に置いてあったサラダを見ると、ケンちゃんのキライなトマトとピーマンが入ってなかったので「わーい。」と言って喜びました。そして、お父さんと一緒にお風呂に入ったあと、晩ごはんを食べました。ごはんのあとで、お母さんがリンゴをむいてくれました。ケンちゃんはリンゴが大好きなので5切れも食べました。そして寝る前にベッドで、お母さんに「おやゆび姫」の絵本を読んでもらいましたが、ケンちゃんはお話が終わる前に眠ってしまいました。

（りんご）ケンちゃんのボールはどれですか。見つけて〇をつけましょう。
（みかん）ケンちゃんの行った公園に生えていた木はどれですか。見つけて〇をつけましょう。
（いちご）カナちゃんはどれですか。見つけて〇をつけましょう。
（バナナ）カナちゃんが、公園に持ってきたものはどれですか。見つけて〇をつけましょう。
（ぶどう）ケンちゃんのボールを見つけたのは誰ですか。見つけて〇をつけましょう。
（メロン）ケンちゃんはボールをどこにしまいましたか。見つけて〇をつけましょう。
（かき）ケンちゃんはお部屋へ行く前に何をしましたか。見つけて〇をつけましょう。
（くり）ケンちゃんが読んだ絵本はどれですか。見つけて〇をつけましょう。
（すいか）ケンちゃんの好きなものはどれですか。見つけて〇をつけましょう。
（もも）ケンちゃんが、お母さんに読んでもらったお話はどれですか。見つけて〇をつけましょう。

時間　各10秒
配点　計100点

（りんご）10点
（みかん）10点
（いちご）10点
（バナナ）10点
（ぶどう）10点
（メロン）10点
（かき）10点
（くり）10点
（すいか）10点
（もも）10点

解答
（りんご）左はし
（みかん）松の木
（いちご）右はし
（バナナ）左から2番目
（ぶどう）左から2番目
（メロン）左はし
（かき）左から2番目
（くり）かちかち山
（すいか）カレーライス
（もも）おやゆび姫

A-17　記　憶（絵の記憶❶）

問題

- ⠁（記憶用紙を10秒間見せた後、問題をさせて下さい。）今おぼえた動物に青い○をつけなさい。（10秒）
- ⠂（記憶用紙を10秒間見せた後、問題をさせて下さい。）今おぼえた果物に青い○をつけなさい。（10秒）
- ⠃（記憶用紙を10秒間見せた後、問題をさせて下さい。）今おぼえた乗り物に青い○をつけなさい。（15秒）

時間　35秒
配点　計100点
- ⠁ 10点×2＝20点
- ⠂ 10点×3＝30点
- ⠃ 10点×5＝50点

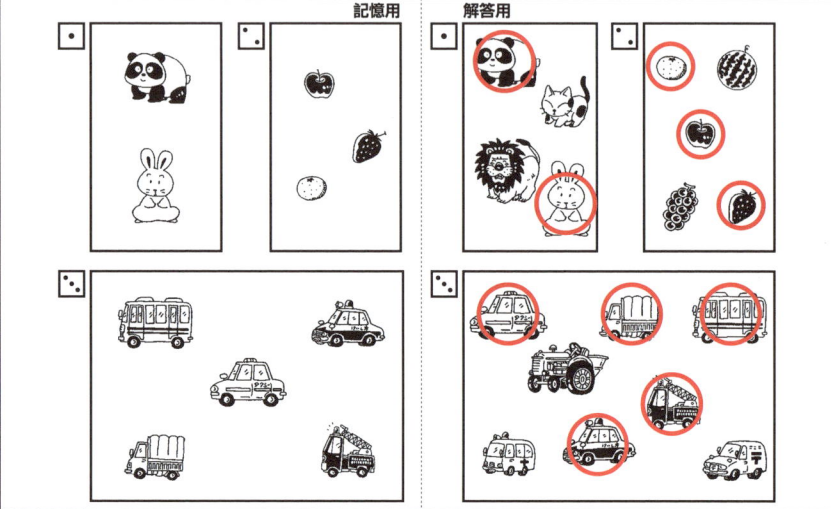

A-18　記　憶（図形の記憶❶）

問題

- ⠁（記憶用紙を10秒間見せた後、問題をさせて下さい。）今見た絵を見つけて緑の○をつけなさい。（10秒）
- ⠂〜⠏の問題も同様にして下さい。（各10秒）

時間　40秒
配点　計100点
25点×4＝100点

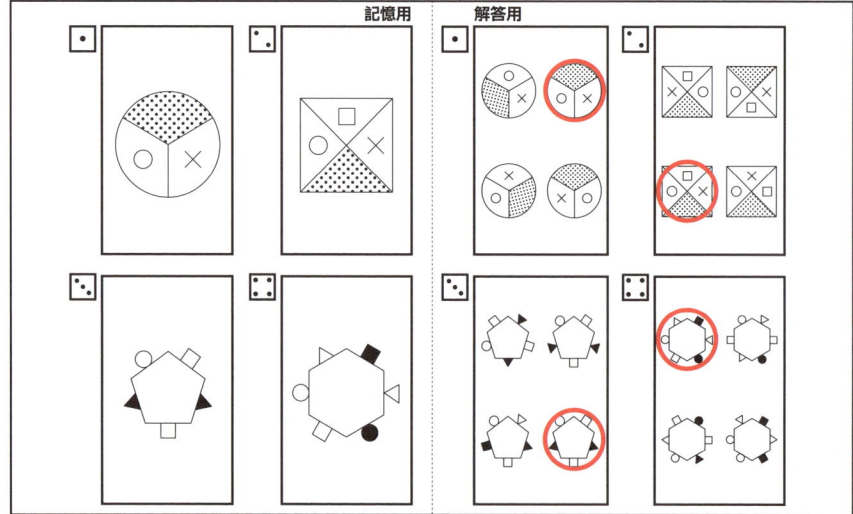

A-19　記　憶（位置の記憶❶）

問題

- ⠁（記憶用紙を10秒間見せた後、問題をさせて下さい。）リンゴのあった所にオレンジ色の○をかきなさい。（10秒）
- ⠂（記憶用紙を10秒間見せた後、問題をさせて下さい。）バナナのあった所にオレンジ色の○をかきなさい。（10秒）
- ⠃（記憶用紙を15秒間見せた後、問題をさせて下さい。）トンボのいた所にオレンジ色の○をかきなさい。（10秒）
- ⠇（記憶用紙を15秒間見せた後、問題をさせて下さい。）アサガオのあった所にオレンジ色の○をかきなさい。（10秒）

時間　40秒
配点　計100点
- ⠁ 5点×3＝15点
- ⠂ 5点×3＝15点
- ⠃ 10点×3＝30点
- ⠇ 10点×4＝40点

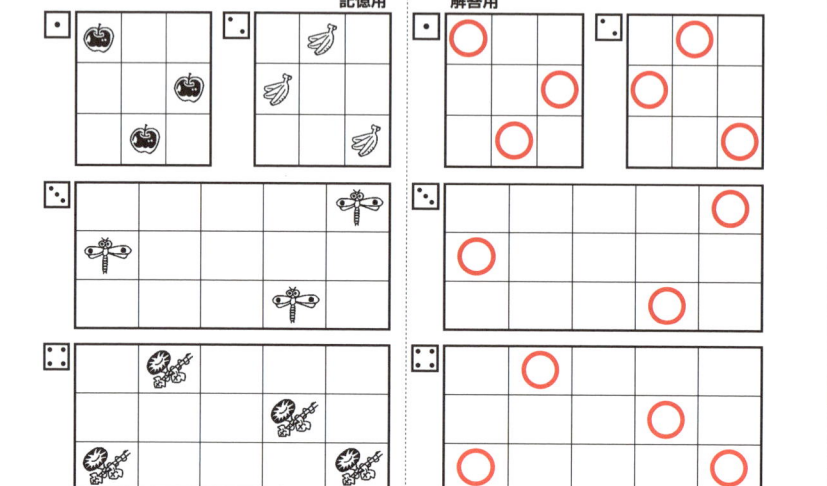

A-20　記　憶（絵の記憶❷）

問題

- ⠁（左と右の両方にある絵だけをおぼえるように指示した後、記憶用紙を15秒間見せて下さい。）左と右の絵のどちらにもあったものに黄色の○をつけなさい。（15秒）
- ⠂（左と右の両方にある絵だけをおぼえるように指示した後、記憶用紙を15秒間見せて下さい。）左と右の絵のどちらにもあったものに黄色の○をつけなさい。（15秒）
- ⠃（左と右の両方にある絵だけをおぼえるように指示した後、記憶用紙を20秒間見せて下さい。）左と右の絵のどちらにもあったものに黄色の○をつけなさい。（15秒）

時間　45秒
配点　計100点
- ⠁ 10点×2＝20点
- ⠂ 10点×2＝20点
- ⠃ 20点×3＝60点

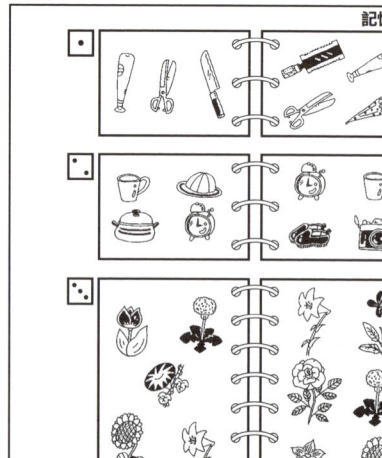

A-21 記　憶（数の記憶）

**問題**

- ⚀ （それぞれの絵が、いくつずつあるかをおぼえるように指示した後、記憶用紙を15秒間見せて下さい。）
  今見た絵で、ウサギとリスは何匹いましたか。その数だけ右の箱に青い○をかきなさい。(15秒)
- ⚁ （それぞれの絵が、いくつずつあるかをおぼえるように指示した後、記憶用紙を15秒間見せて下さい。）
  今見た絵で、リンゴとイチゴはいくつありましたか。その数だけ右の箱に青い○をかきなさい。(15秒)
- ⚂ （それぞれの絵が、いくつずつあるかをおぼえるように指示した後、記憶用紙を20秒間見せて下さい。）
  今見た絵で、テントウムシとチョウチョは何匹いましたか。その数だけ右の箱に青い○をかきなさい。(20秒)
- ⚃ （それぞれの絵が、いくつずつあるかをおぼえるように指示した後、記憶用紙を20秒間見せて下さい。）
  今見た絵で、マジックと、とけいはいくつありましたか。その数だけ右の箱に青い○をかきなさい。(20秒)

時間	1分10秒
配点	計100点

- ⚀ 10点×2＝20点
- ⚁ 10点×2＝20点
- ⚂ 15点×2＝30点
- ⚃ 15点×2＝30点

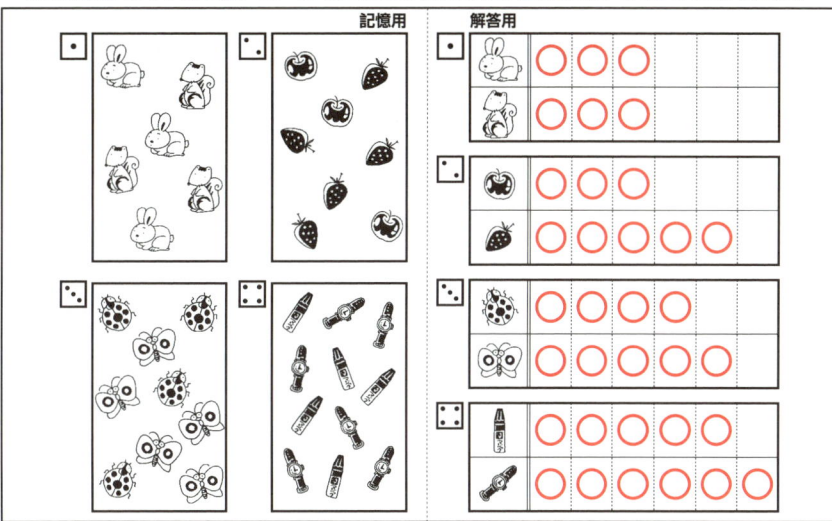

A-22 記　憶（図形の記憶❷）

**問題**

- ⚀ （記憶用紙を15秒間見せた後、問題をさせて下さい。）
  絵の足りない所をえんぴつでかきなさい。(15秒)
- ⚁〜⚃の問題も同様にして下さい。(各15秒)

時間	1分
配点	計100点

- ⚀ 25点
- ⚁ 25点
- ⚂ 25点
- ⚃ 25点

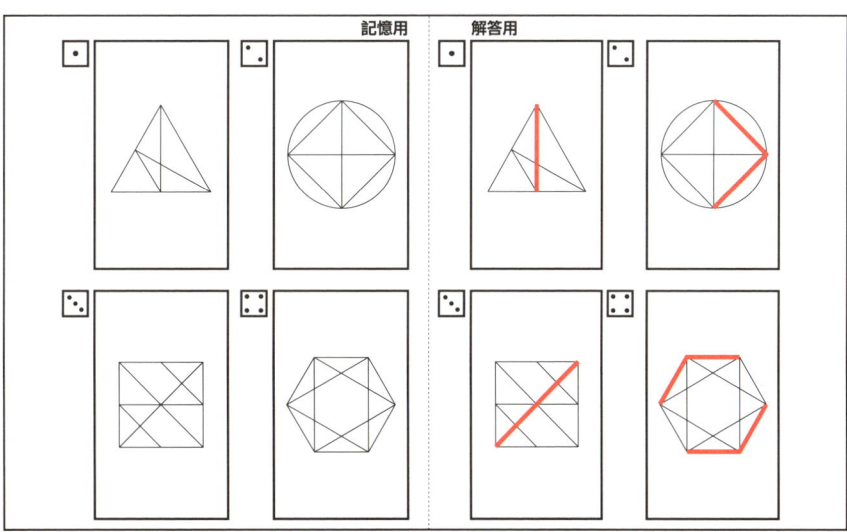

A-23 記　憶（絵の記憶❸）

**問題**

- ⚀ （記憶用紙を10秒間見せた後、問題をさせて下さい。）
  今おぼえた絵に茶色の○をつけなさい。(15秒)
- ⚁ （記憶用紙を10秒間見せた後、問題をさせて下さい。）
  今おぼえた絵に茶色の○をつけなさい。(15秒)

時間	30秒
配点	計100点

- ⚀ 10点×4＝40点
- ⚁ 10点×6＝60点

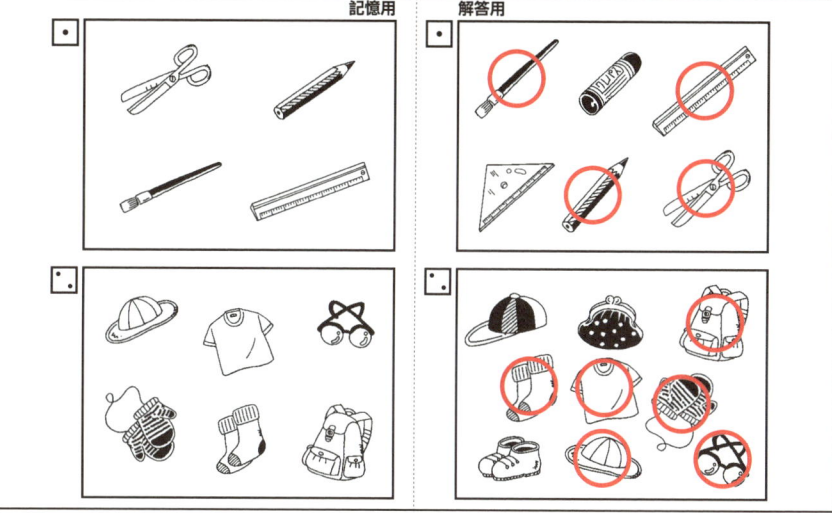

A-24 記　憶（位置の記憶❷）

**問題**

- ⚀ （記憶用紙を10秒間見せた後、問題をさせて下さい。）今見た形をえんぴつでかきなさい。(10秒)
- ⚁ （記憶用紙を10秒間見せた後、問題をさせて下さい。）今見た形をえんぴつでかきなさい。(10秒)
- ⚂ （記憶用紙を10秒間見せた後、問題をさせて下さい。）今見た形をえんぴつでかきなさい。(10秒)
- ⚃ （記憶用紙を15秒間見せた後、問題をさせて下さい。）今見た形をえんぴつでかきなさい。(15秒)
- ⚄〜⚅ の問題も同様にして下さい。(各15秒)

時間	1分15秒
配点	計100点

- ⚀ 5点×2＝10点
- ⚁ 5点×3＝15点
- ⚂ 5点×3＝15点
- ⚃〜⚅ 5点×4＝20点

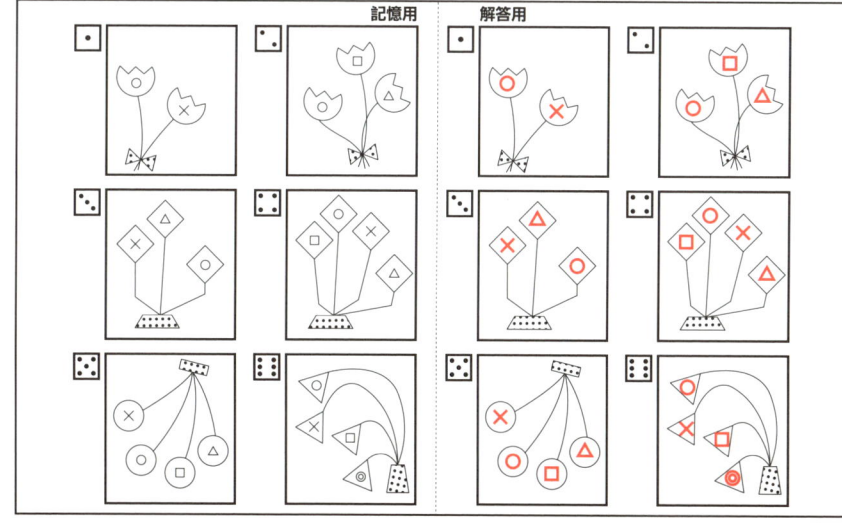

A-25 記 憶（絵の記憶❹）

問題
- ・（左と右の両方にある絵だけをおぼえるように指示した後、記憶用紙を20秒間見せて下さい。）
  左と右の絵どちらにもあったものに青い○をつけなさい。（15秒）
- ・（左と右の両方にある絵だけをおぼえるように指示した後、記憶用紙を20秒間見せて下さい。）
  左と右の絵どちらにもあったものに青い○をつけなさい。（15秒）

時間　30秒
配点　計100点
・20点×2＝40点
・15点×4＝60点

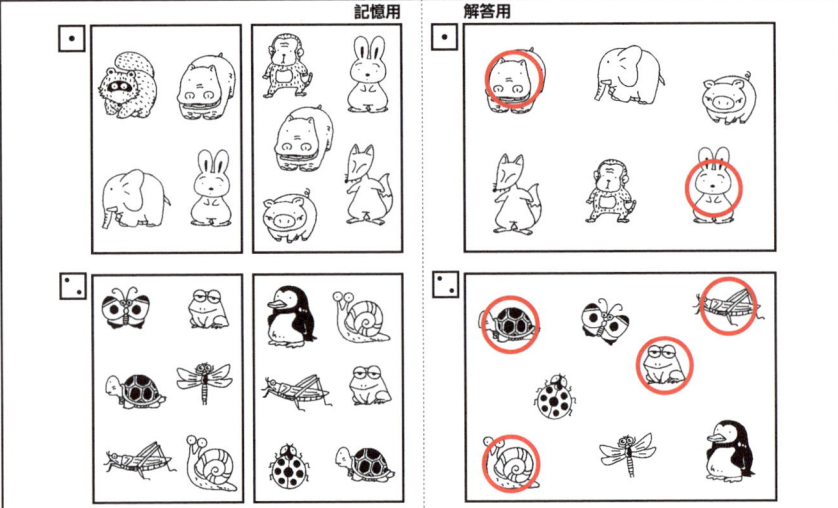

A-26 記 憶（図形の記憶❸）

問題
- ・（記憶用紙を10秒間見せた後、問題をさせて下さい。）
  今あった形を1つ見つけて緑の○をつけなさい。（10秒）
- ・～・の問題も同様にして下さい。（各10秒）
- ・（記憶用紙を15秒間見せた後、問題をさせて下さい。）
  今あった形を1つずつ見つけて緑の○をつけなさい。（15秒）
- ・（記憶用紙を15秒間見せた後、問題をさせて下さい。）
  今あった形を1つずつ見つけて緑の○をつけなさい。（15秒）

時間　1分10秒
配点　計100点
・～・10点×4＝40点
・15点×2＝30点
・15点×2＝30点

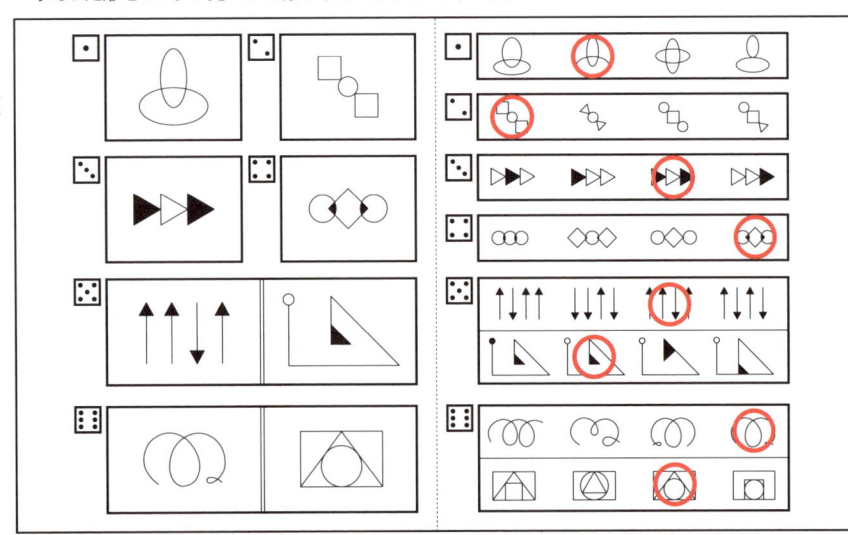

A-27 記 憶（絵の記憶❺）

問題
- ・（記憶用紙を10秒間見せた後、問題をさせて下さい。）
  今おぼえた生き物にオレンジ色の○をつけなさい。（15秒）
- ・（記憶用紙を15秒間見せた後、問題をさせて下さい。）
  どの人が、どのスポーツの道具を持っていたかがよくわかるようにオレンジ色の線でつなぎなさい。（20秒）

時間　35秒
配点　計100点
・10点×4＝40点
・15点×4＝60点

A-28 記 憶（位置の記憶❸）

問題
- ・（ウサギのいる場所をおぼえるように指示した後、記憶用紙を10秒間見せて下さい。）ウサギのいた所に黄色の○をかきなさい。（10秒）
- ・（ネズミのいる場所をおぼえるように指示した後、記憶用紙を10秒間見せて下さい。）ネズミのいた所に黄色の○をかきなさい。（10秒）
- ・（ネコのいる場所をおぼえるように指示した後、記憶用紙を10秒間見せて下さい。）ネコのいた所に黄色の○をかきなさい。（10秒）
- ・（パンダのいる場所をおぼえるように指示した後、記憶用紙を10秒間見せて下さい。）パンダのいた所に黄色の○をかきなさい。（10秒）
- ・（イヌとサルのいる場所をおぼえるように指示した後、記憶用紙を20秒間見せて下さい。）イヌのいた所に黄色の○を、サルのいた所には黄色の×をかきなさい。（15秒）
- ・（クマとブタのいる場所をおぼえるように指示した後、記憶用紙を20秒間見せて下さい。）クマのいた所に黄色の○を、ブタのいた所には黄色の×をかきなさい。（15秒）

時間　1分10秒
配点　計100点
・5点×2＝10点
・5点×2＝10点
・5点×3＝15点
・5点×3＝15点
・5点×5＝25点
・5点×5＝25点

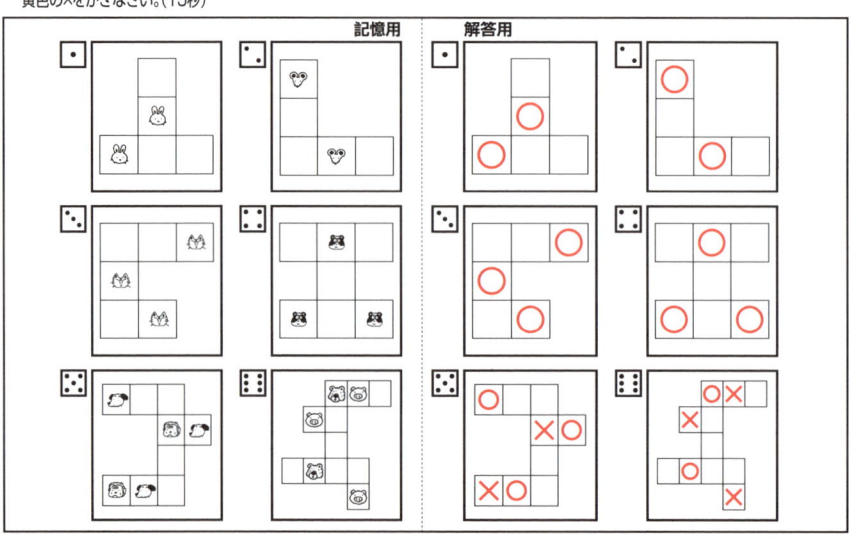

A-29　記　憶（絵の記憶❻）

1. （記憶用紙を15秒間見せた後、問題をさせて下さい。）
今見た絵の中で男の子が持っていたものや、身につけていたものを見つけて茶色の○をつけなさい。（15秒）
2. （記憶用紙を15秒間見せた後、問題をさせて下さい。）
今見た絵の中にあったものを見つけて茶色の○をつけなさい。（15秒）

時間　30秒
配点　計100点
- 10点×4＝40点
- 15点×4＝60点

A-30　記　憶（位置の記憶❹）

1. （記憶用紙を20秒間見せた後、問題をさせて下さい。）
風車のどこに、どの動物がいましたか。右の箱にえんぴつで印をかきなさい。（20秒）
2. （記憶用紙を20秒間見せた後、問題をさせて下さい。）
どのお皿に、どの果物がありましたか。下の箱にえんぴつで印をかきなさい。（20秒）

時間　40秒
配点　計100点
- 10点×5＝50点
- 10点×5＝50点

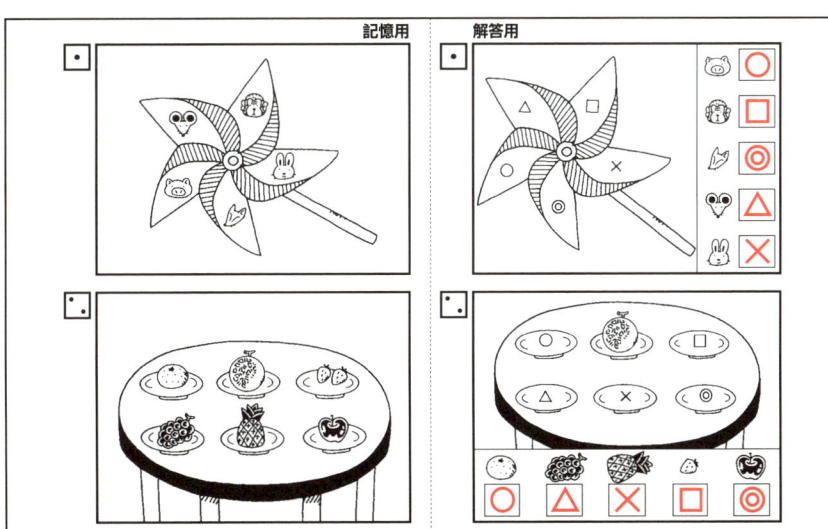

A-31　記　憶（図形の記憶❹）

1. （記憶用紙を15秒間見せた後、問題をさせて下さい。）さあ、今見た通りえんぴつでかきなさい。（15秒）
2. ～5. の問題も同様にして下さい。（各15秒）

時間　1分15秒
配点　計100点
- 20点
- 20点
- 20点
- 20点
- 20点

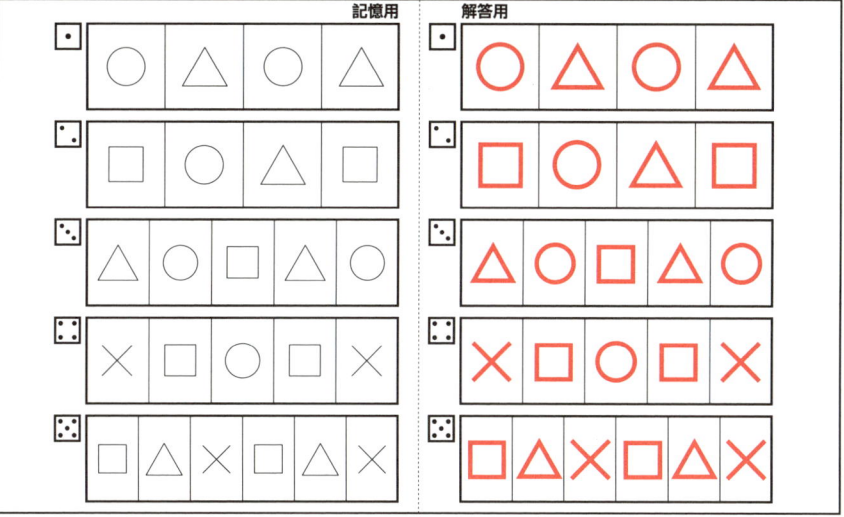

A-32　記　憶（総　合）

（どんな生き物がいるか、木は何の木か、咲いているお花や、切り株はいくつあるか、などをおぼえるように指示した後、記憶用紙を30秒間見せて下さい。）
1. 今見た絵の中にいた生き物を見つけて緑の○をつけなさい。（10秒）
2. 今の絵の中にあったのは何の木でしたか。その木の下に緑の○をかきなさい。（10秒）
3. ・今の絵で、左はしの絵と同じお花は何本咲いていましたか。その数だけ緑の○をかきなさい。（10秒）
・切り株は、いくつありましたか。その数だけ緑の○をかきなさい。（10秒）

時間　40秒
配点　計100点
- 10点×5＝50点
- 10点
- 20点×2＝40点

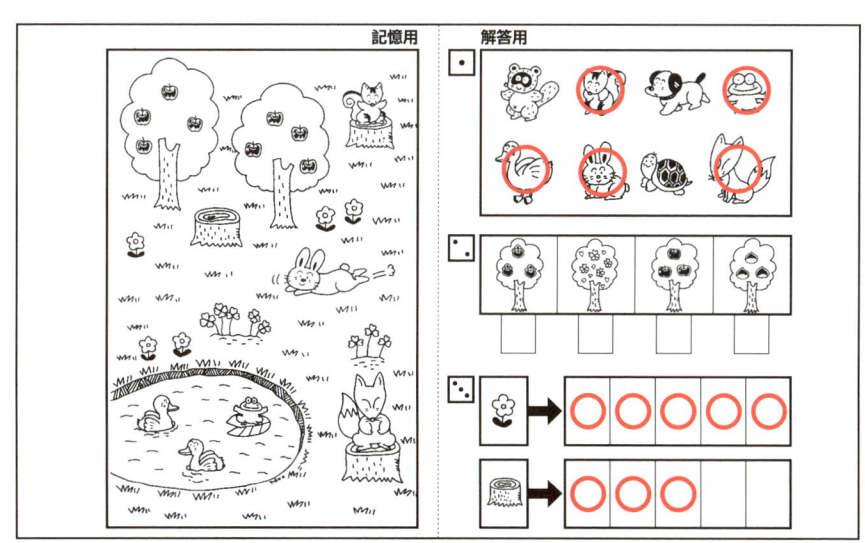

この受験ワークは A お話の記憶・絵・図形の記憶 B 図形・注意力・推理・思考 C 比較・数量・知識・常識 の 3冊に分かれています。

受験ワーク A

お話の記憶		絵・図形の記憶	
A-1	お話の記憶❶	A-17	絵の記憶❶
A-2	お話の記憶❷	A-18	図形の記憶❶
A-3	お話の記憶❸	A-19	位置の記憶❶
A-4	お話の記憶❹	A-20	絵の記憶❷
A-5	お話の記憶❺	A-21	数の記憶
A-6	お話の記憶❻	A-22	図形の記憶❷
A-7	お話の記憶❼	A-23	絵の記憶❸
A-8	お話の記憶❽	A-24	位置の記憶❷
A-9	お話の記憶❾	A-25	絵の記憶❹
A-10	お話の記憶❿	A-26	図形の記憶❸
A-11	お話の記憶⓫	A-27	絵の記憶❺
A-12	お話の記憶⓬	A-28	位置の記憶❸
A-13	お話の記憶⓭	A-29	絵の記憶❻
A-14	お話の記憶⓮	A-30	位置の記憶❹
A-15	お話の記憶⓯	A-31	図形の記憶❹
A-16	お話の記憶⓰	A-32	総合

受験ワーク B

図形・注意力		推理・思考	
B-1	点つなぎ	B-17	鏡
B-2	同図形発見	B-18	折り紙
B-3	位置	B-19	条件迷路
B-4	異図形発見	B-20	物の見え方
B-5	間違いさがし	B-21	図形の回転
B-6	注意力	B-22	系列完成
B-7	異図形発見	B-23	重ね図形
B-8	形作り	B-24	影
B-9	絵の構成	B-25	物の見え方
B-10	聞きとり	B-26	お話の順序
B-11	間違いさがし	B-27	後ろから見たら
B-12	注意力	B-28	図形の回転
B-13	図形の重なり	B-29	推理
B-14	図形の合成	B-30	推理
B-15	模写	B-31	観覧車
B-16	同図形発見	B-32	重ね図形

受験ワーク C

比較・数量		知識・常識	
C-1	数量	C-17	季節感
C-2	数量	C-18	仲間あつめ
C-3	長さ比べ	C-19	知識
C-4	数の増減	C-20	左右の理解
C-5	広さ比べ	C-21	道徳
C-6	かくれた数	C-22	言語
C-7	数量	C-23	仲間あつめ
C-8	すごろくゲーム	C-24	道徳
C-9	合わせた数	C-25	言語
C-10	絵・図形の数	C-26	言語
C-11	数の比較	C-27	言葉の数
C-12	重さ比べ	C-28	しりとり
C-13	足りない数	C-29	むかし話
C-14	かくれた数	C-30	しりとり
C-15	絵の数	C-31	知識
C-16	ジャンケンゲーム	C-32	道徳

A-1 記 憶（お話の記憶❶）

/100点

A-2　記　憶（お話の記憶❷）

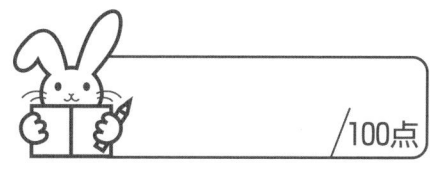
/100点

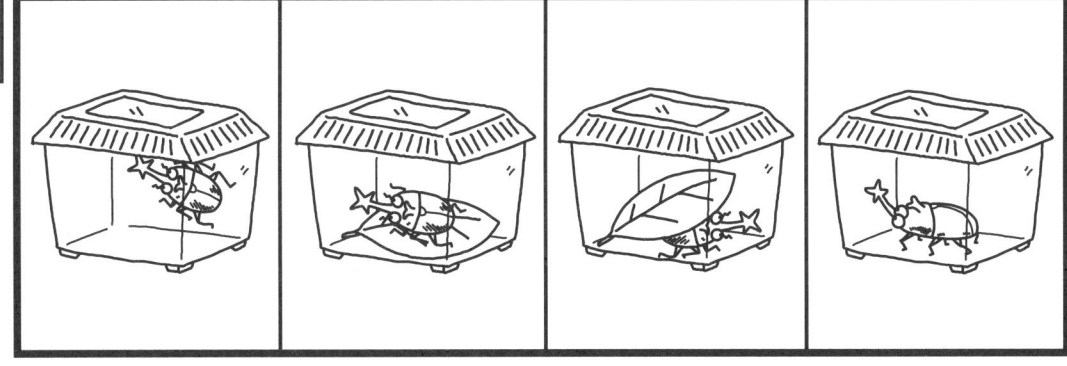

A-3 記 憶（お話の記憶❸） /100点

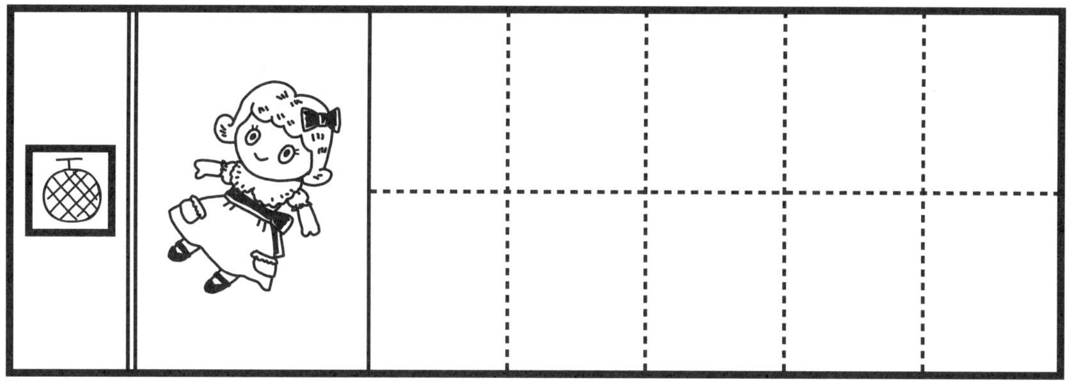

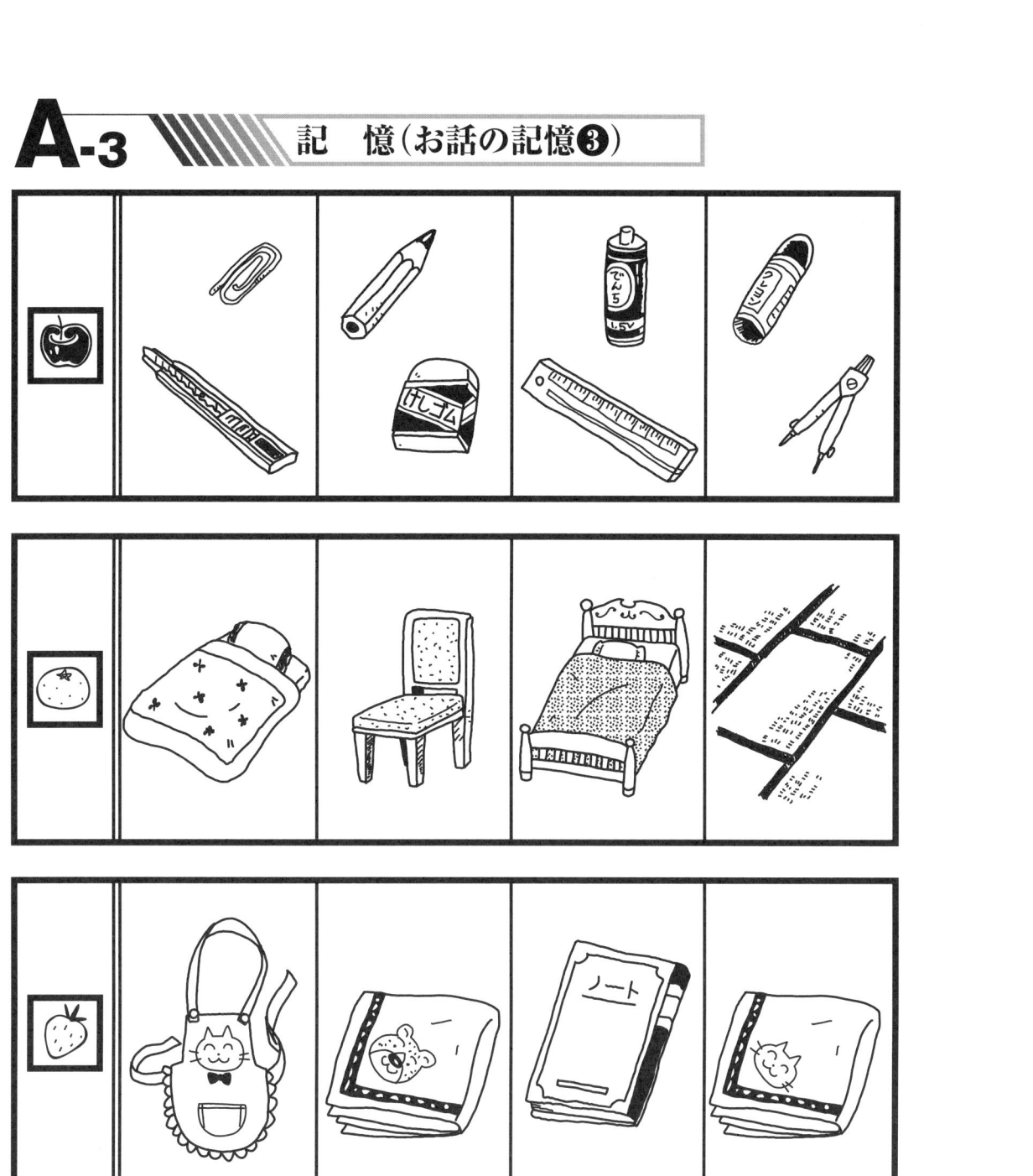
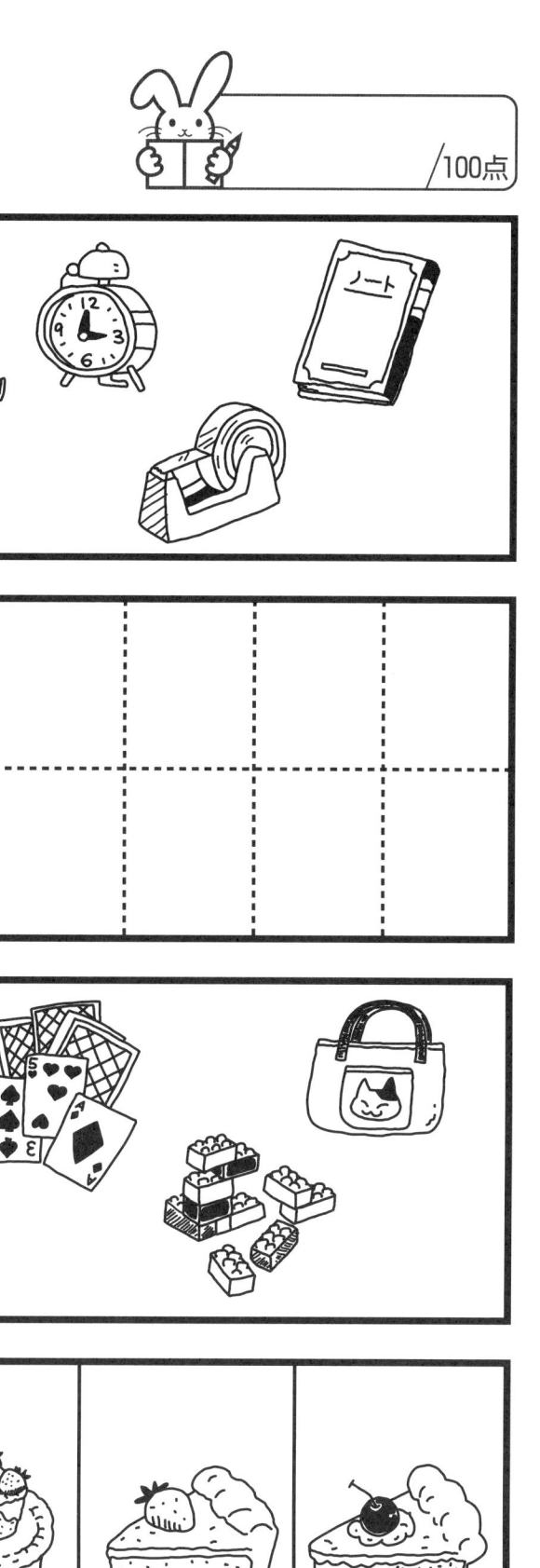

A-4　記　憶（お話の記憶❹）

/100点

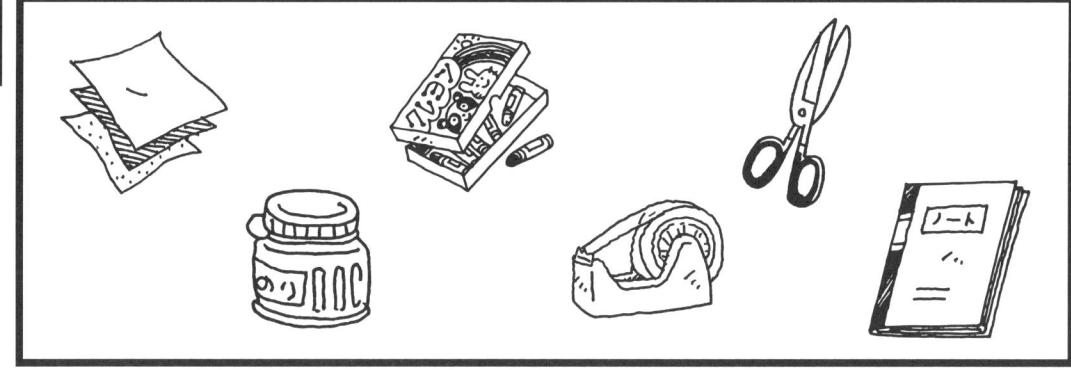

A-5 記 憶（お話の記憶❺） /100点

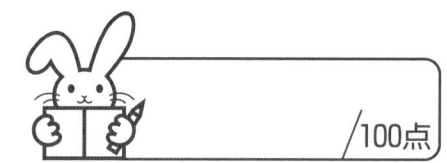

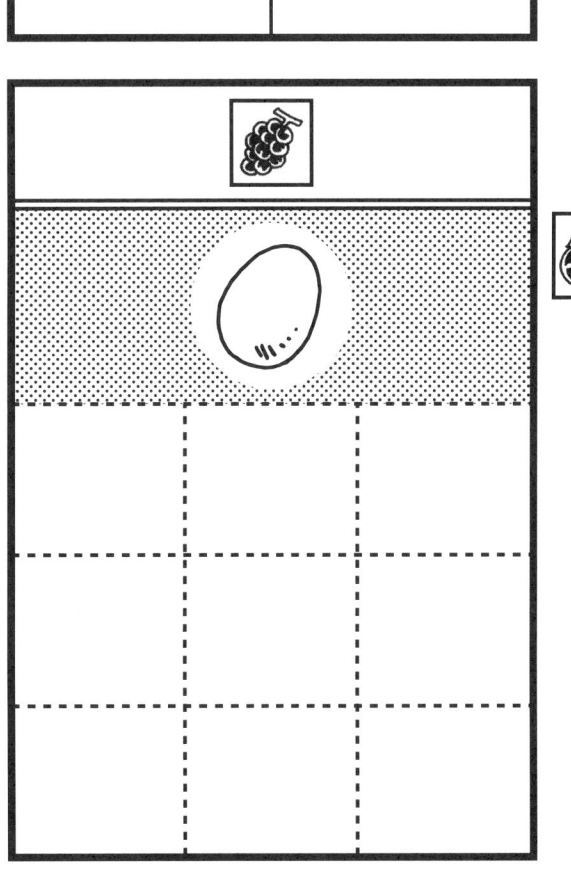

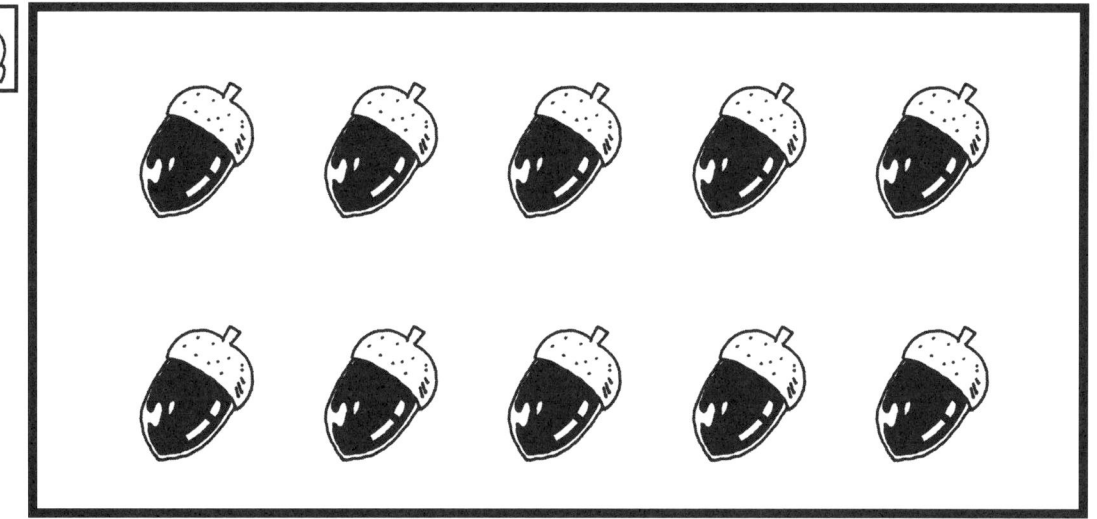

A-6 　記　憶（お話の記憶❻） 　/100点

A-7 記　憶（お話の記憶 ❼）

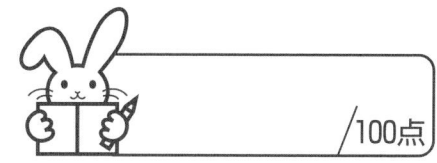
/100点

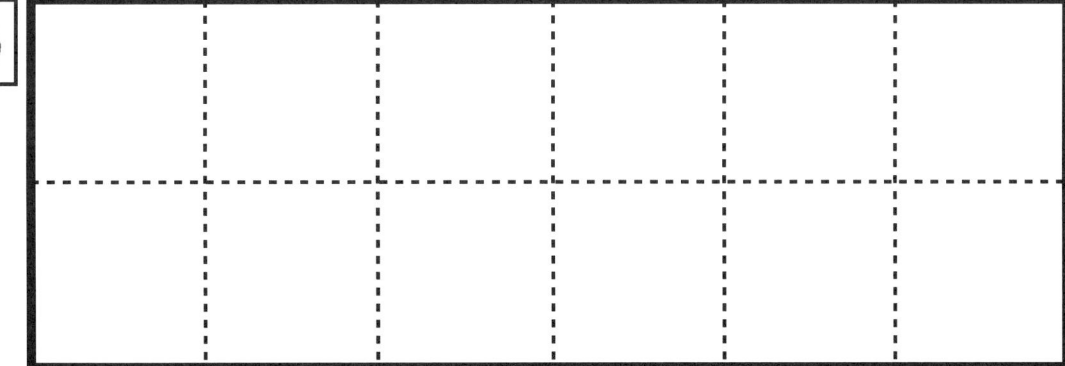

A-8　記　憶（お話の記憶❽）

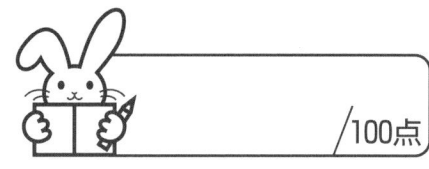

A-9　記　憶（お話の記憶❾）

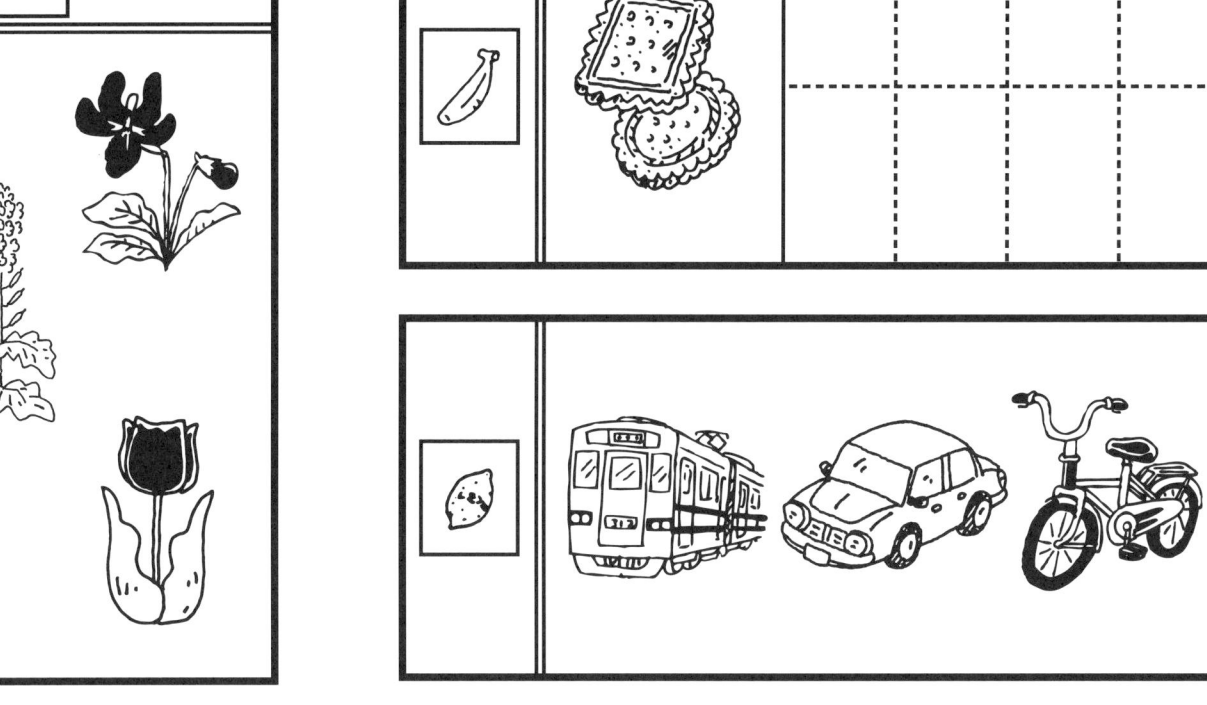

A-10　記　憶（お話の記憶⑩）

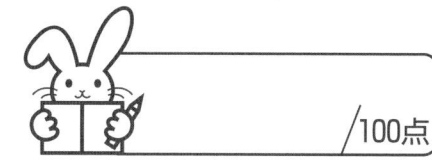

A-11 記　憶（お話の記憶⓫）

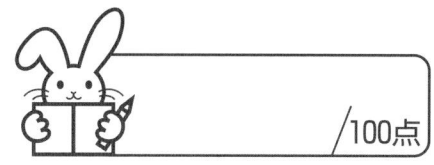
/100点

A-12 記　憶（お話の記憶⑫）

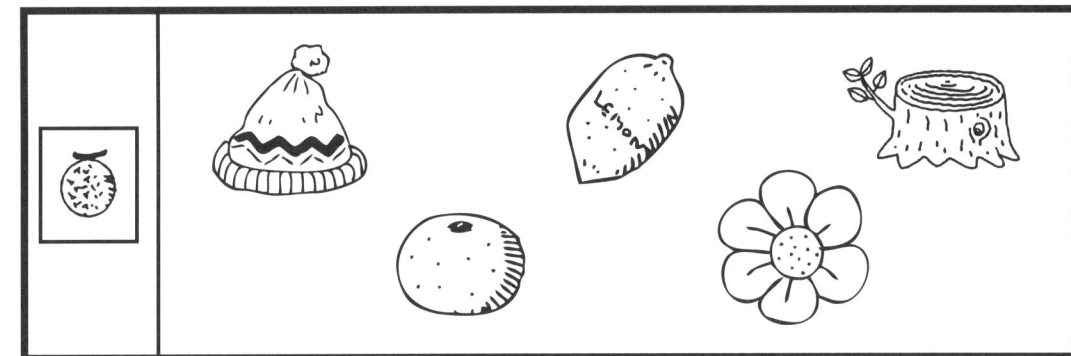

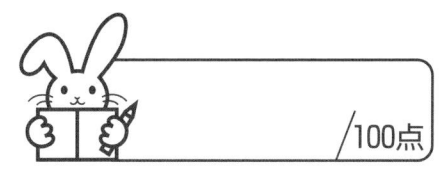

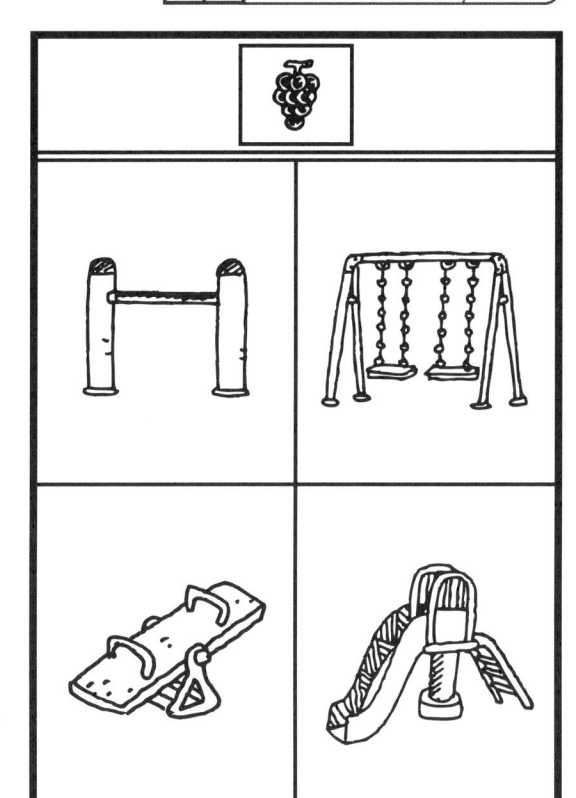

A-13 記 憶（お話の記憶⑬）

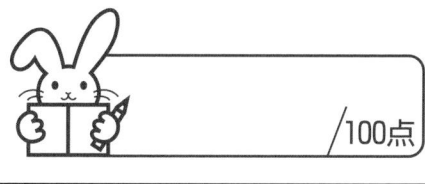

A-14 　記　憶（お話の記憶⑭）

/100点

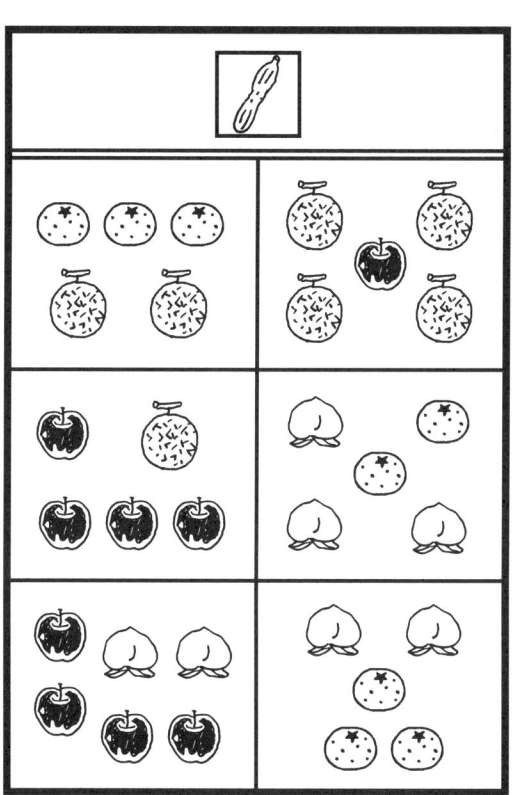

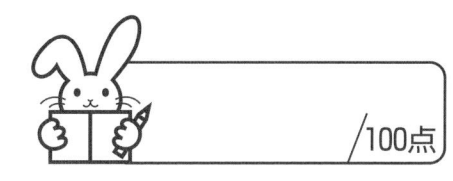

A-15 記　憶（お話の記憶⑮）

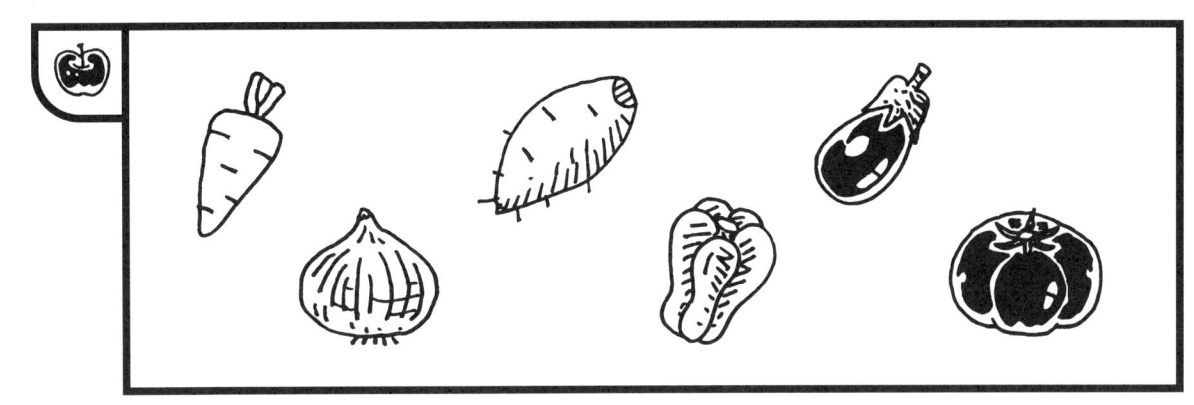

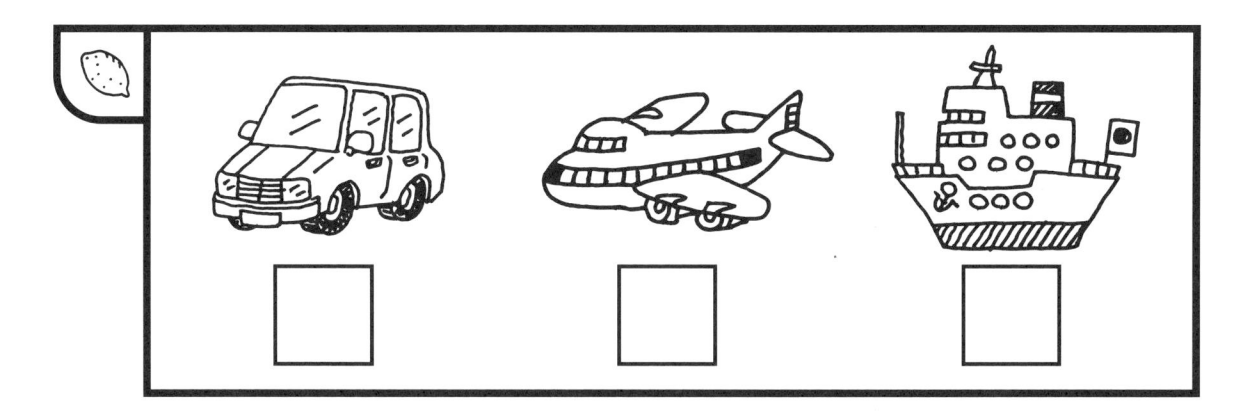

A-16 記 憶（お話の記憶⑯）

A-17 　記　憶（絵の記憶❶）

記憶用 　　　　　**解答用** 　　　　　/100点

A-18 記　憶（図形の記憶❶）

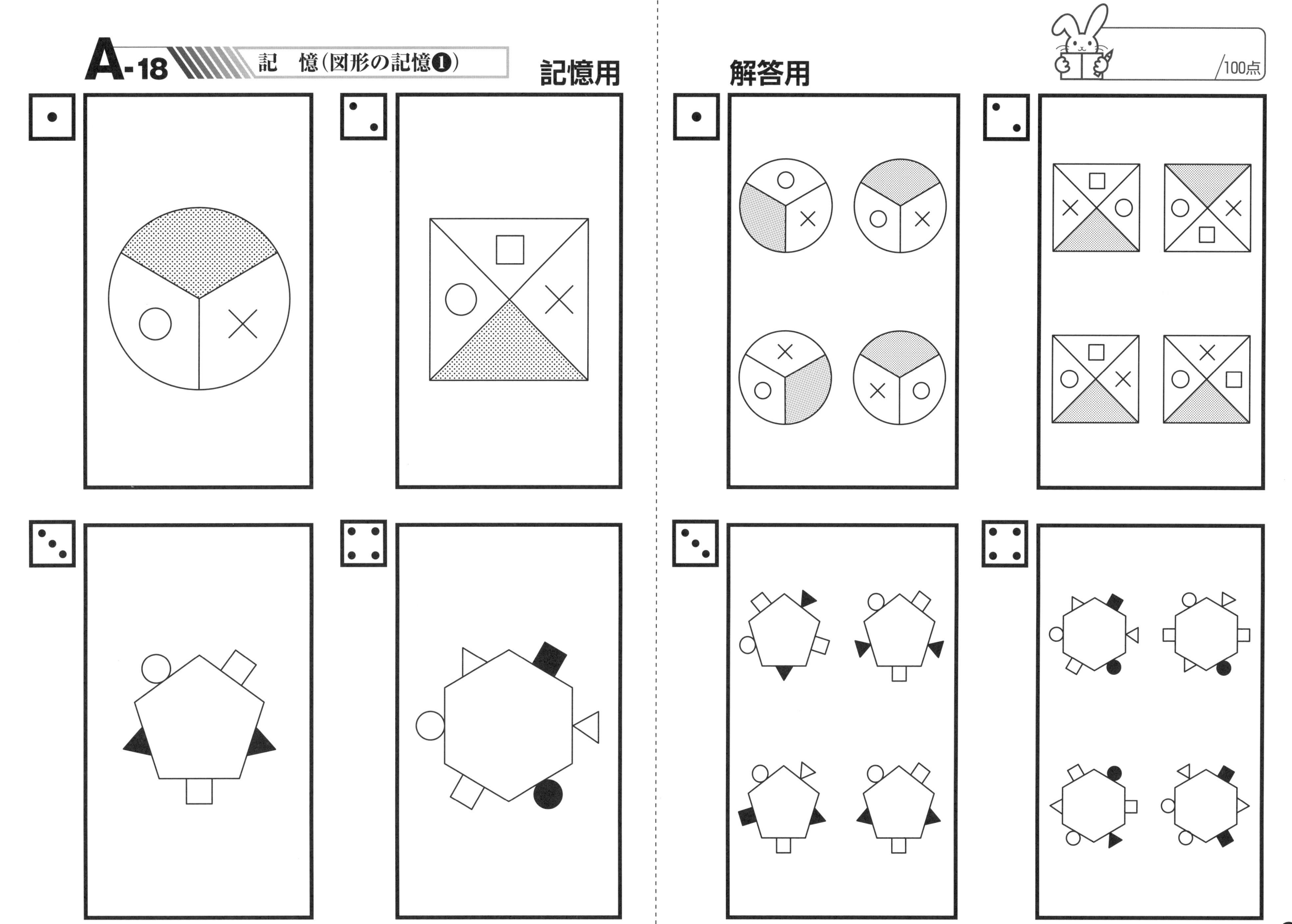

記憶用　　解答用　　/100点

A-19 記 憶（位置の記憶❶）

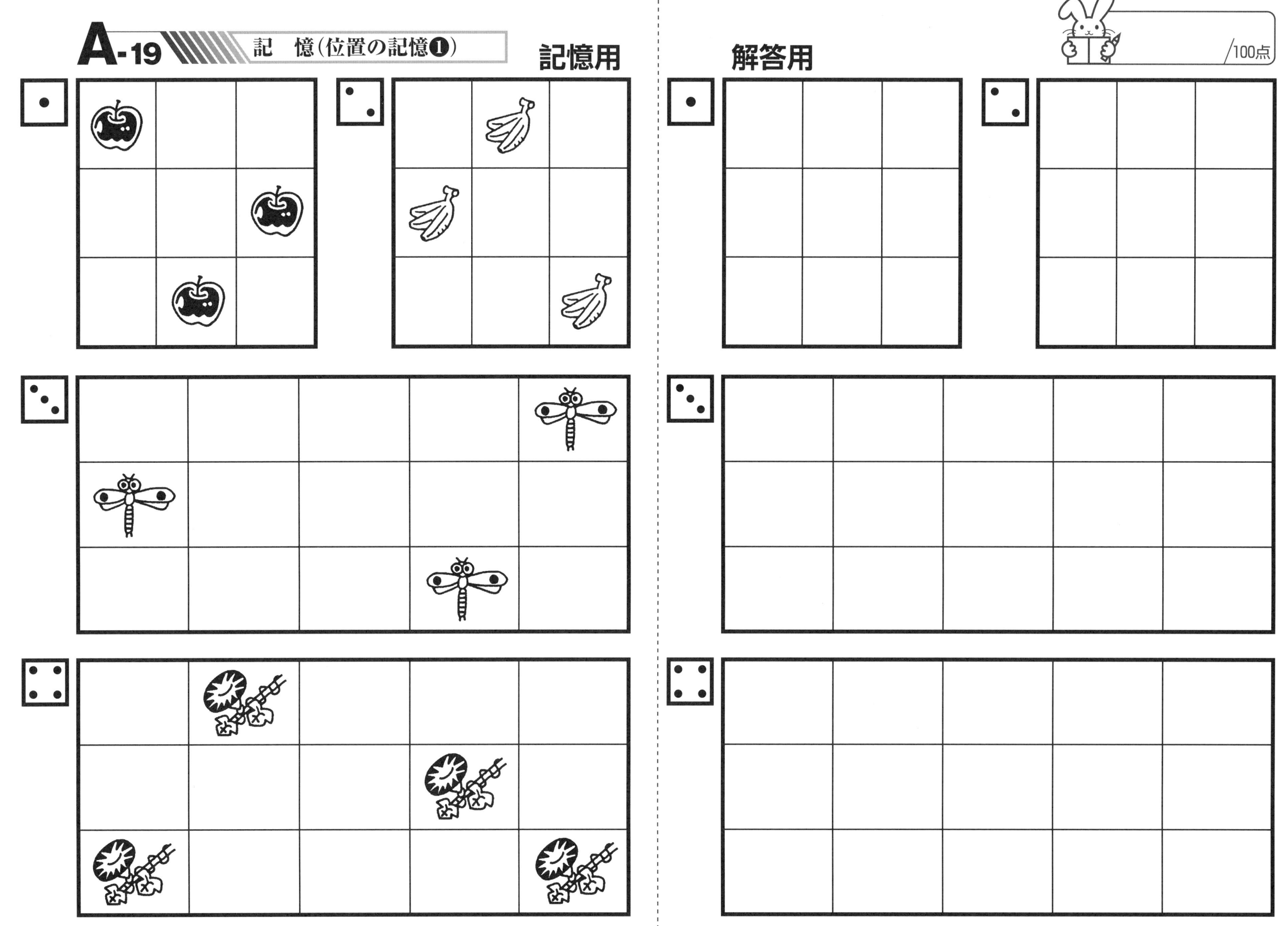

記憶用　　解答用　　/100点

A-20 記 憶（絵の記憶❷）

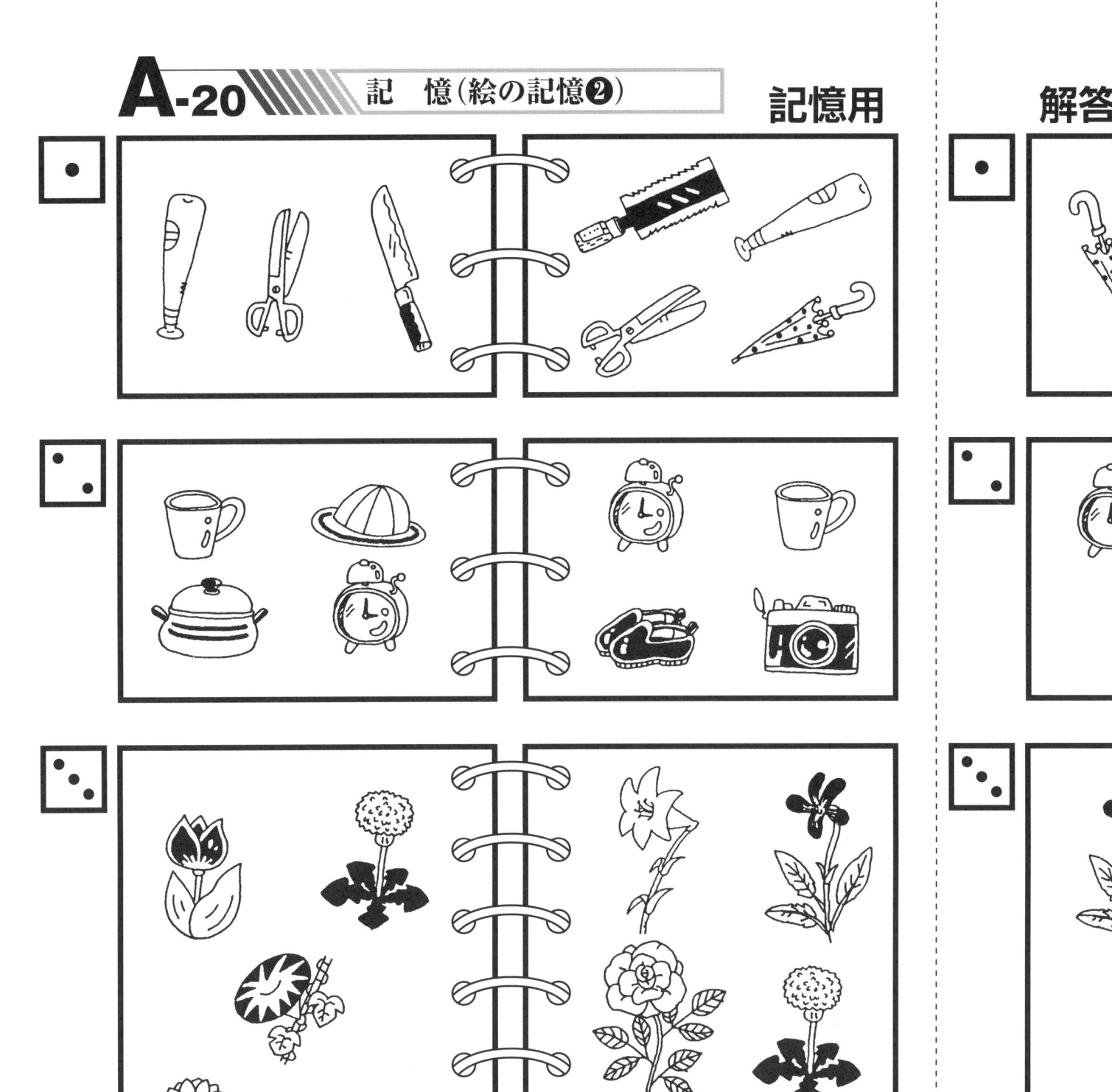

記憶用　　解答用　　/100点

A-21 　記　憶（数の記憶）

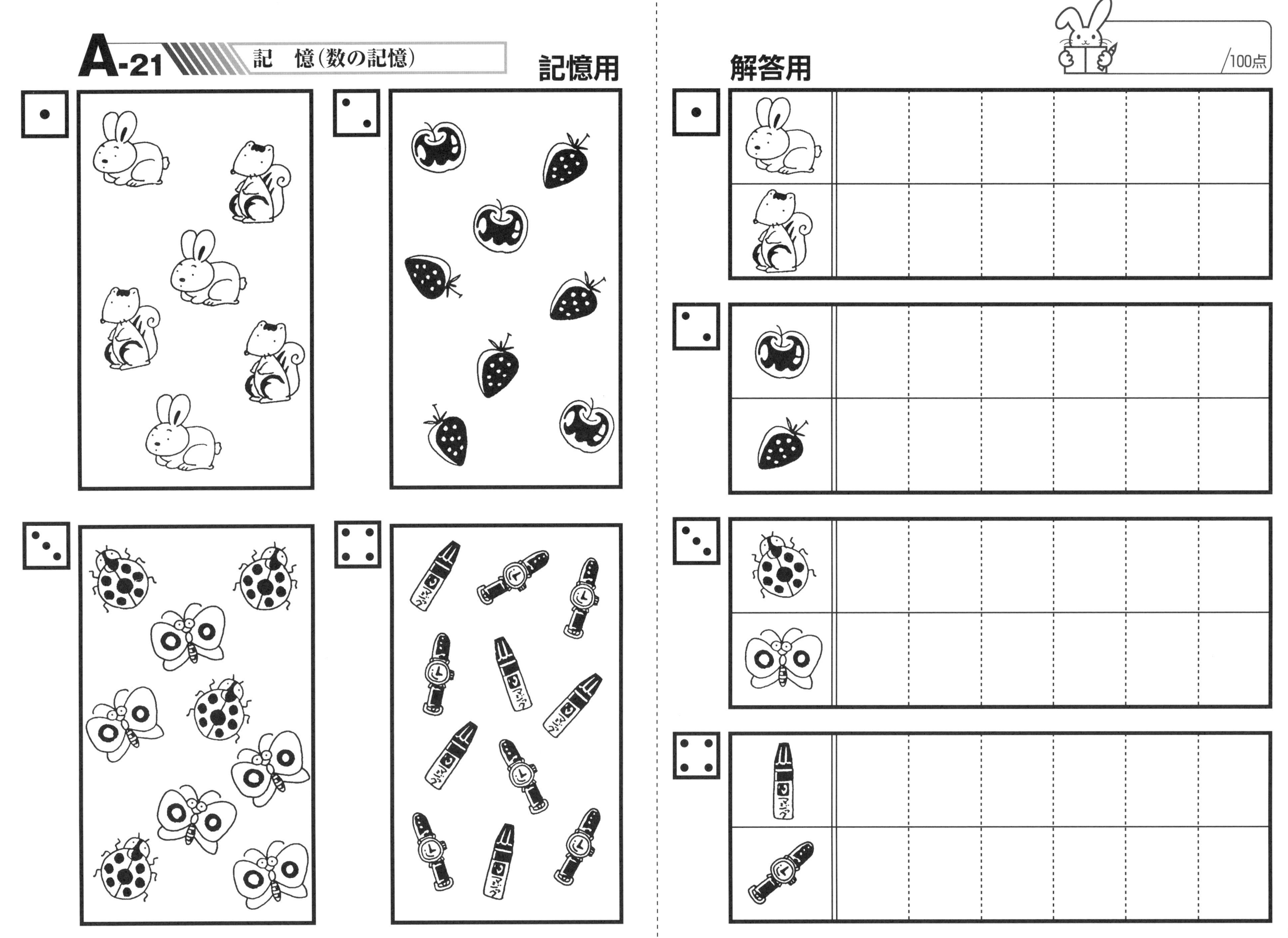

記憶用　　　　　解答用

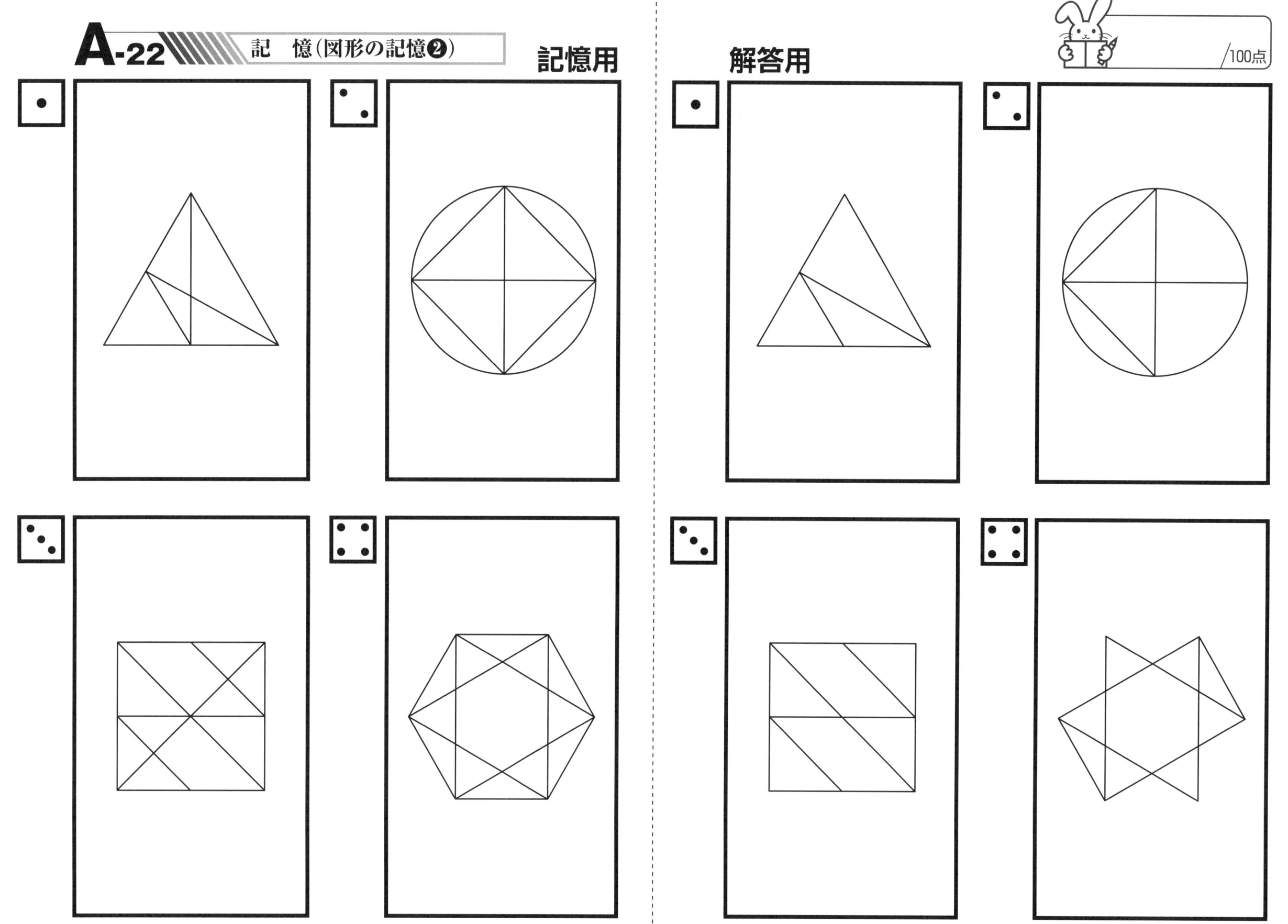

A-22 記　憶（図形の記憶❷）　記憶用　　解答用

A-23 記 憶(絵の記憶❸)

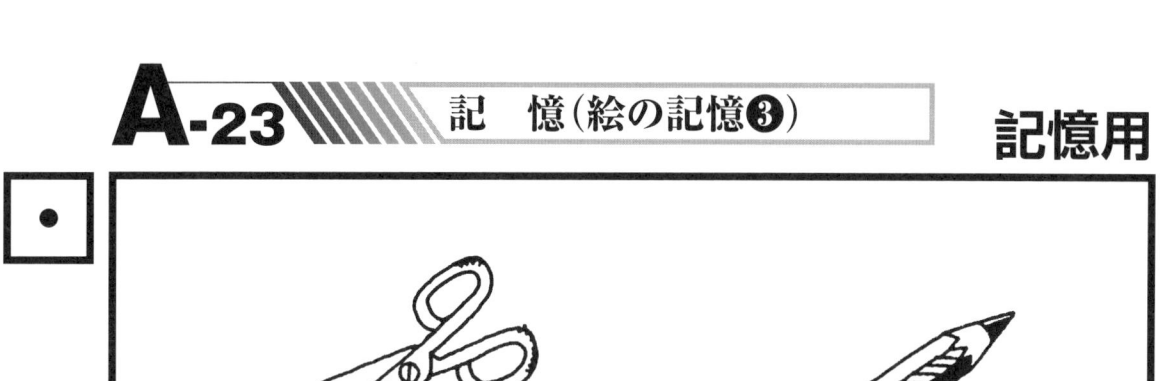

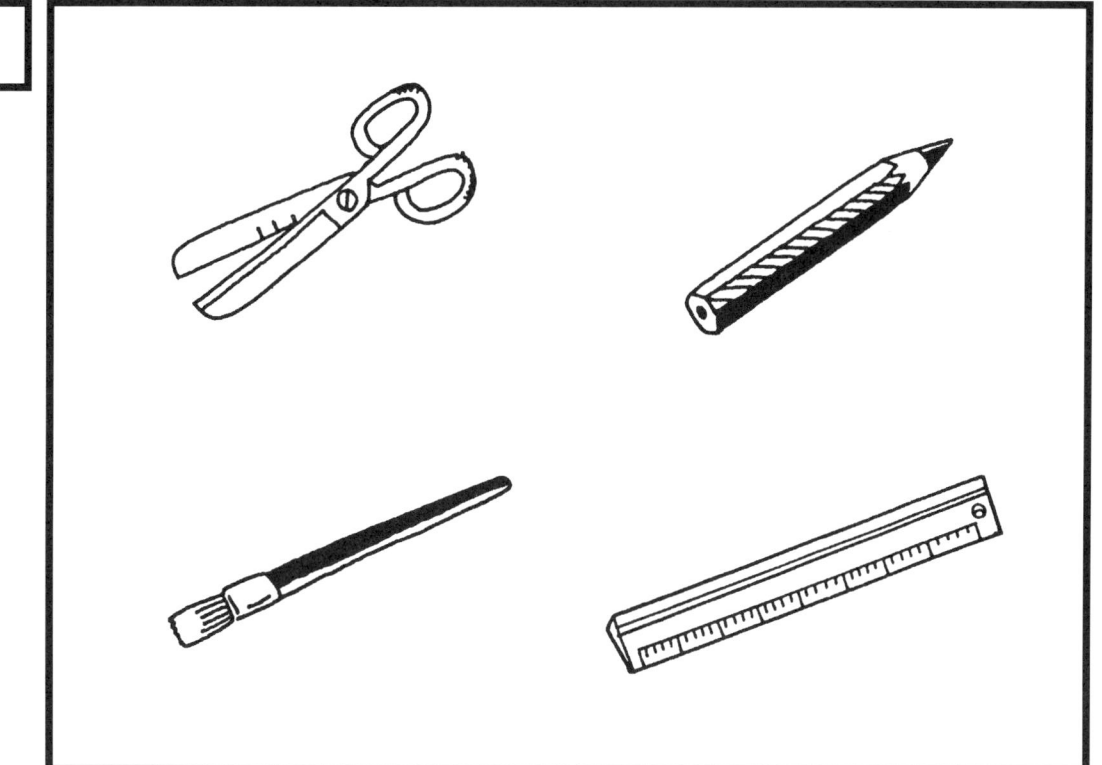

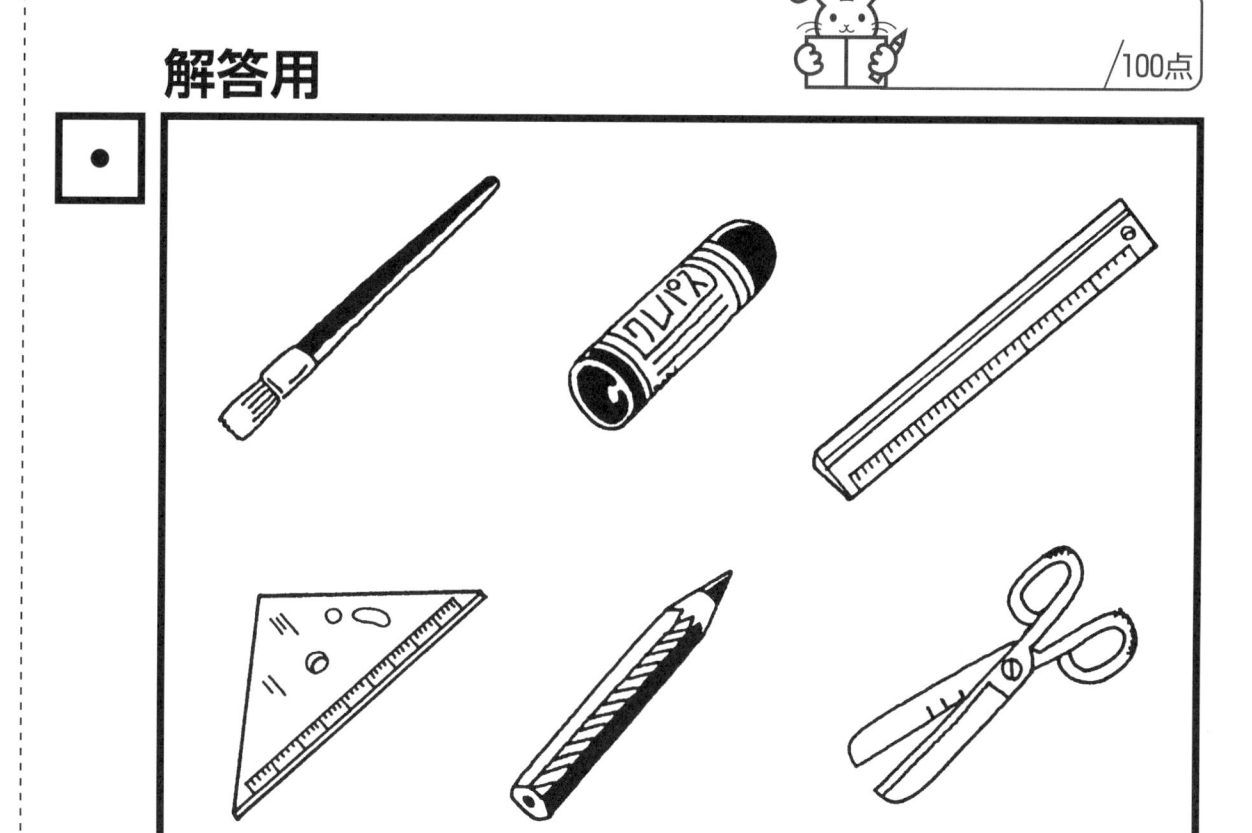

記憶用 　　　解答用 　　　/100点

A-24 記 憶（位置の記憶❷）

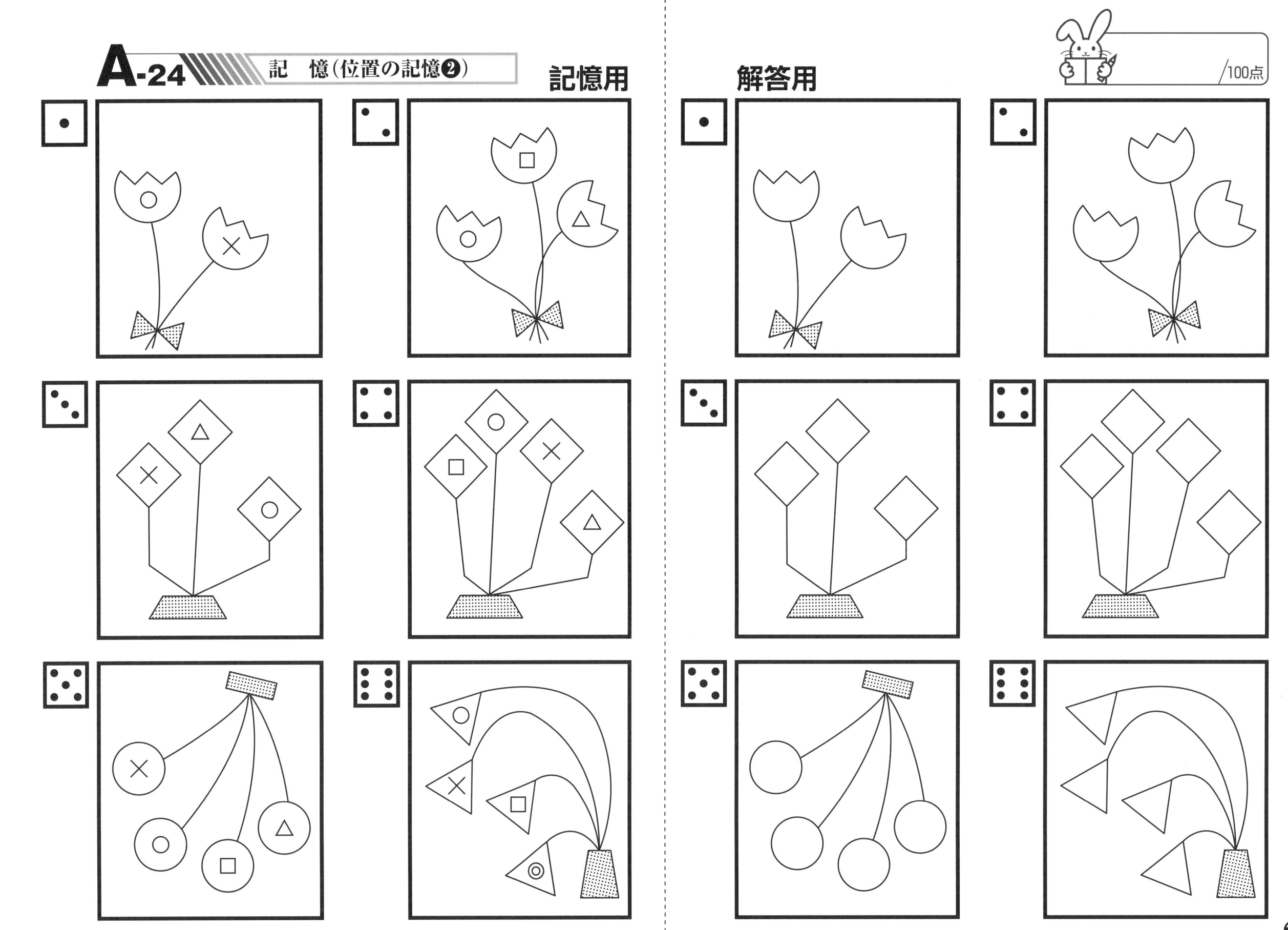

記憶用 | **解答用**

/100点

A-25 記憶（絵の記憶❹）

記憶用 　　　　　解答用

A-26 記　憶（図形の記憶❸）

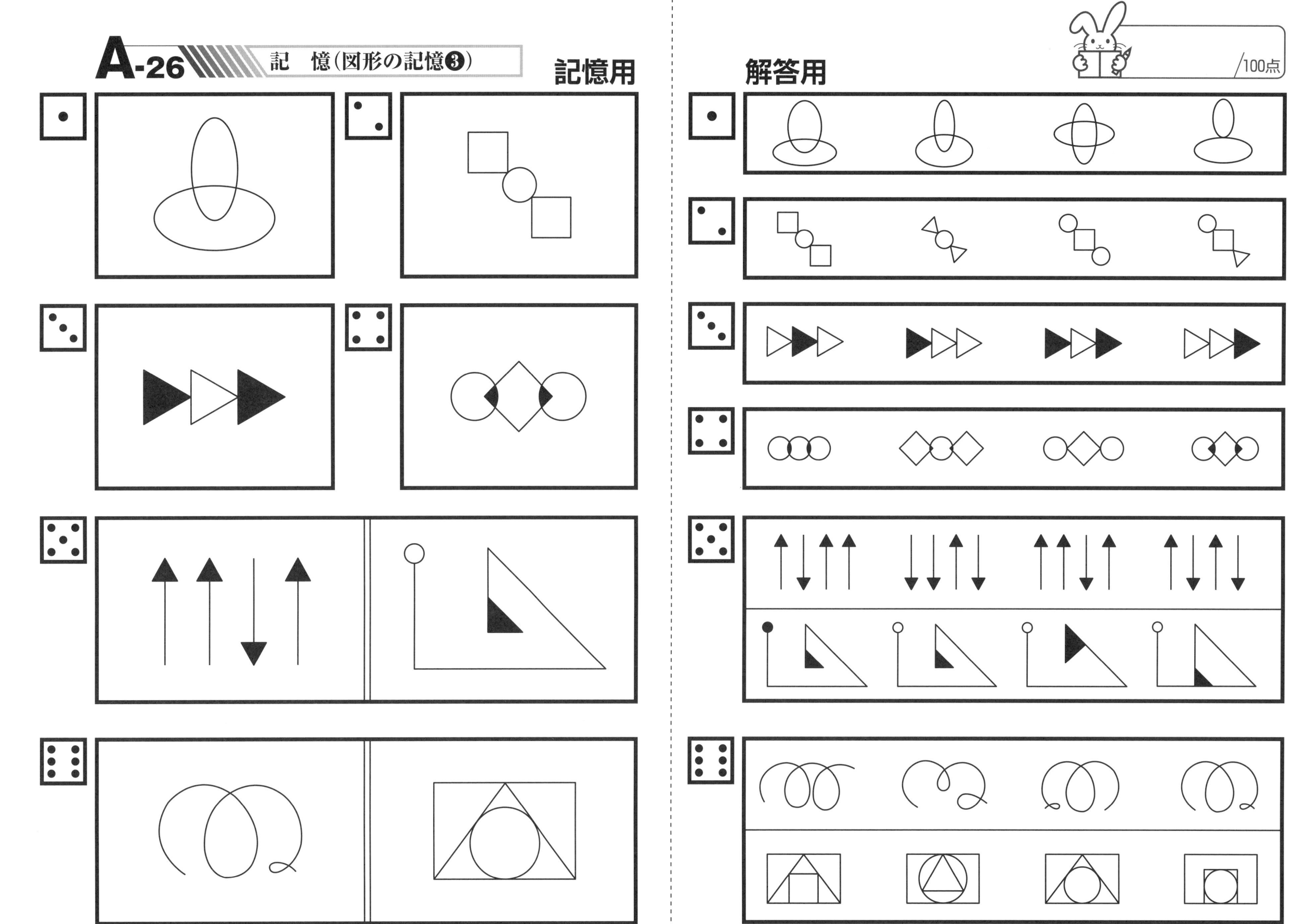

記憶用 ／ **解答用** ／100点

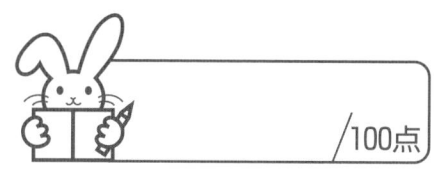

A-27 記　憶（絵の記憶❺） 記憶用　　解答用　　/100点

A-28 記 憶（位置の記憶❸）

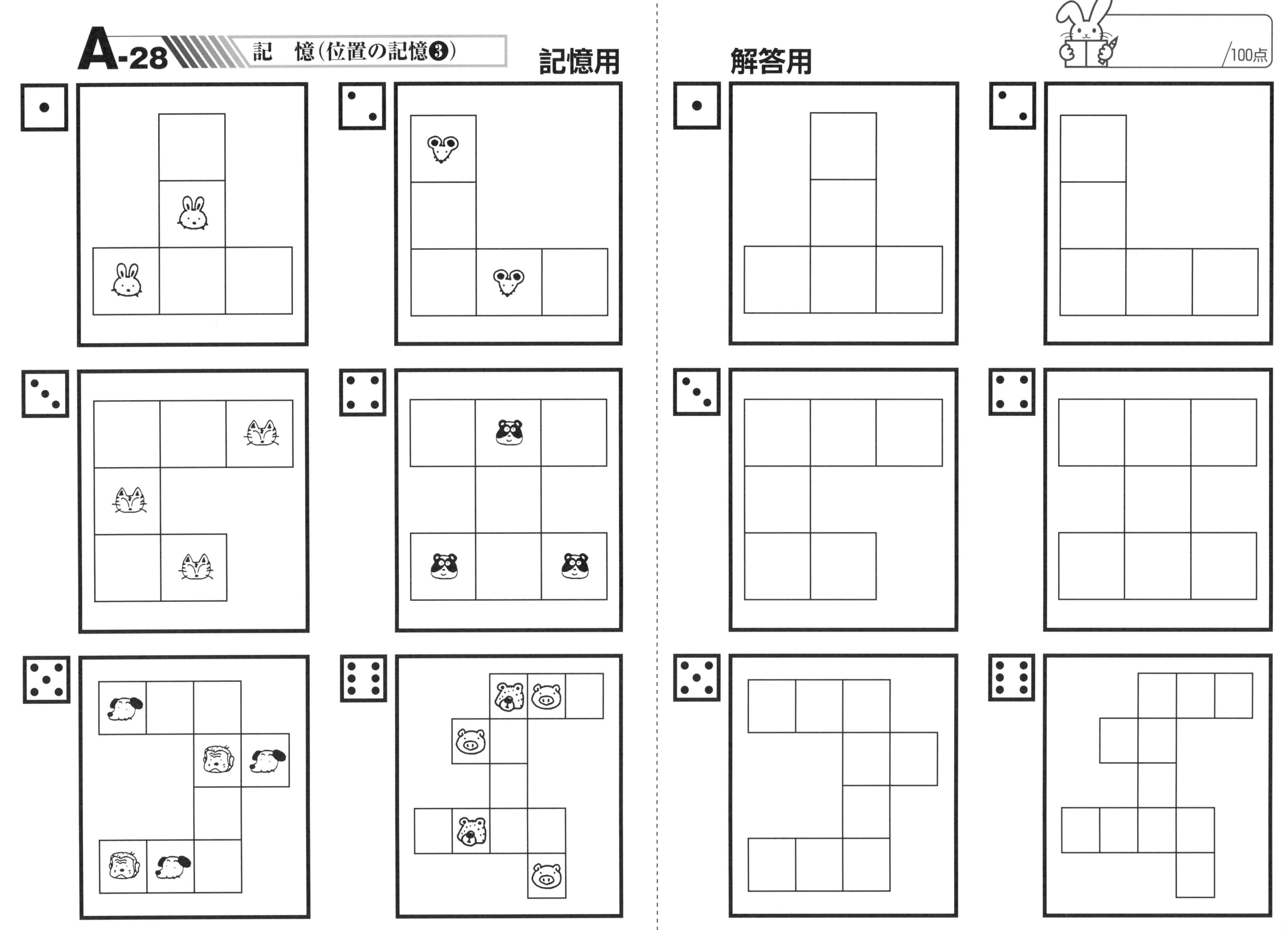

記憶用 　　　解答用

A-29 記憶（絵の記憶⑥） 記憶用 　　解答用

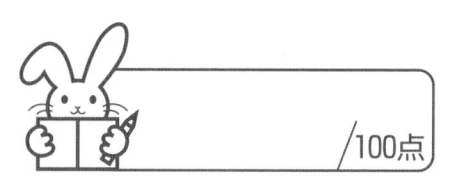

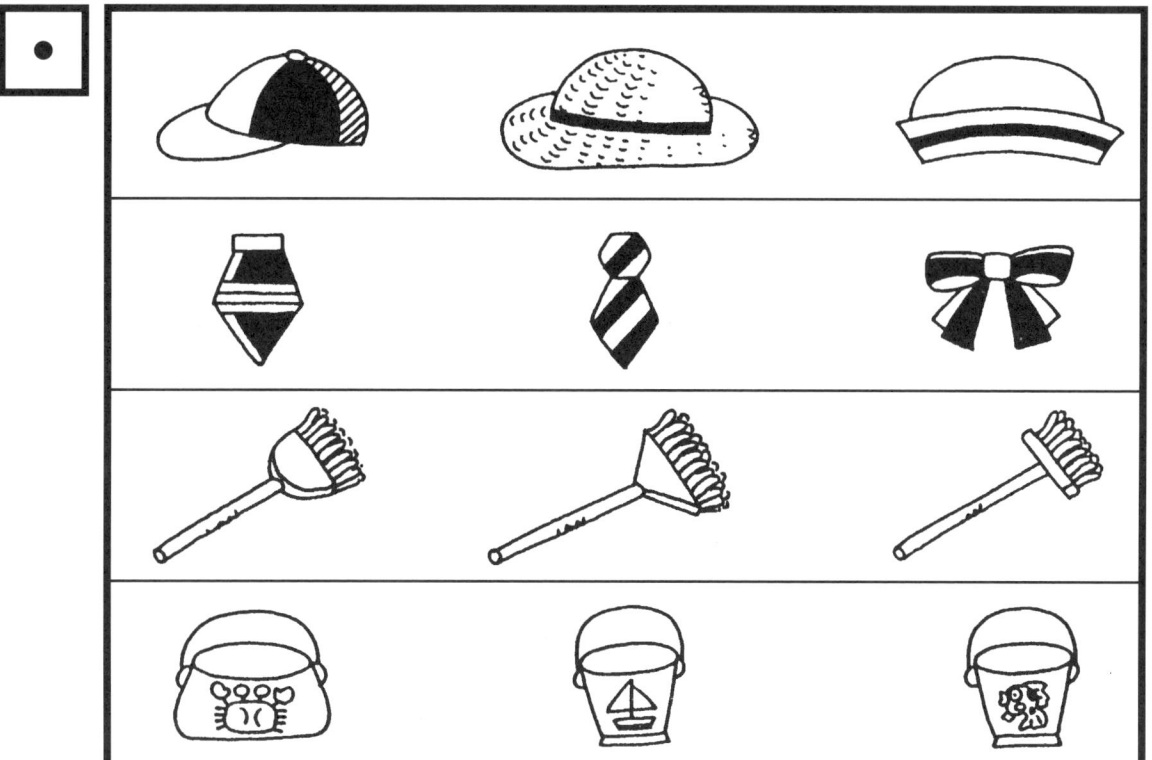

A-30 記憶（位置の記憶❹）

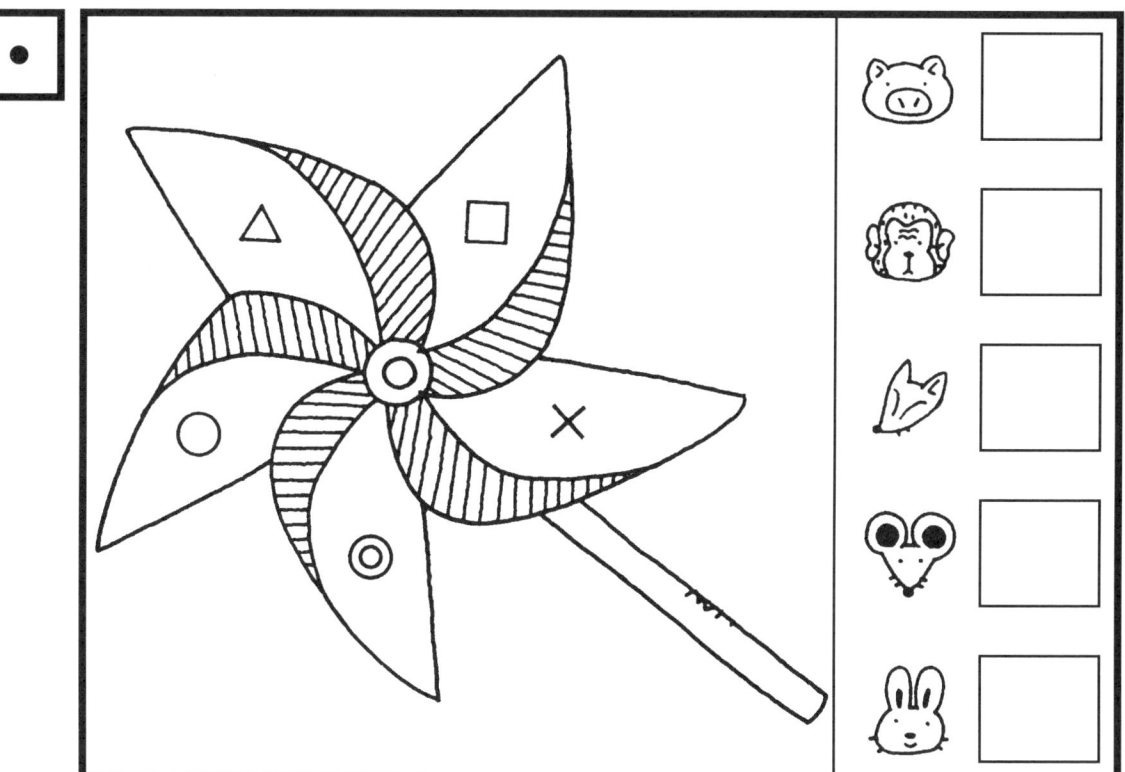

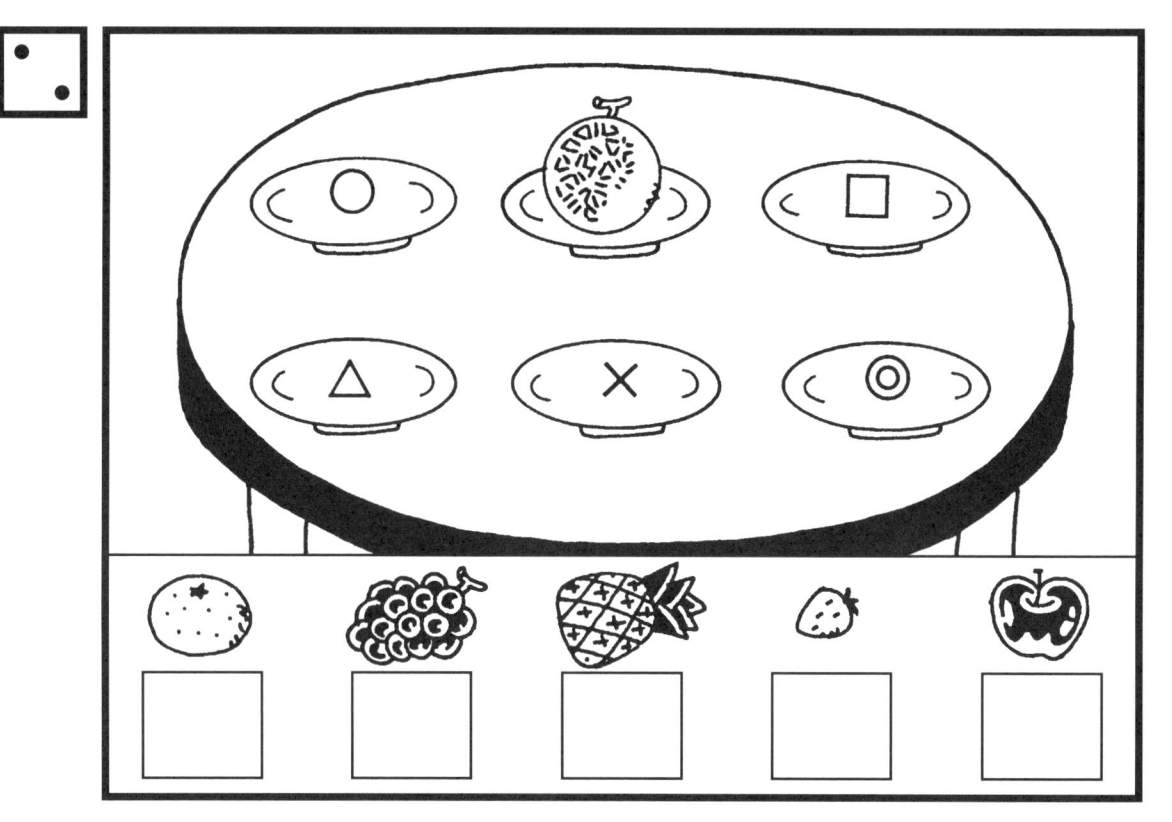

記憶用 / 解答用

A-31 記憶（図形の記憶❹）

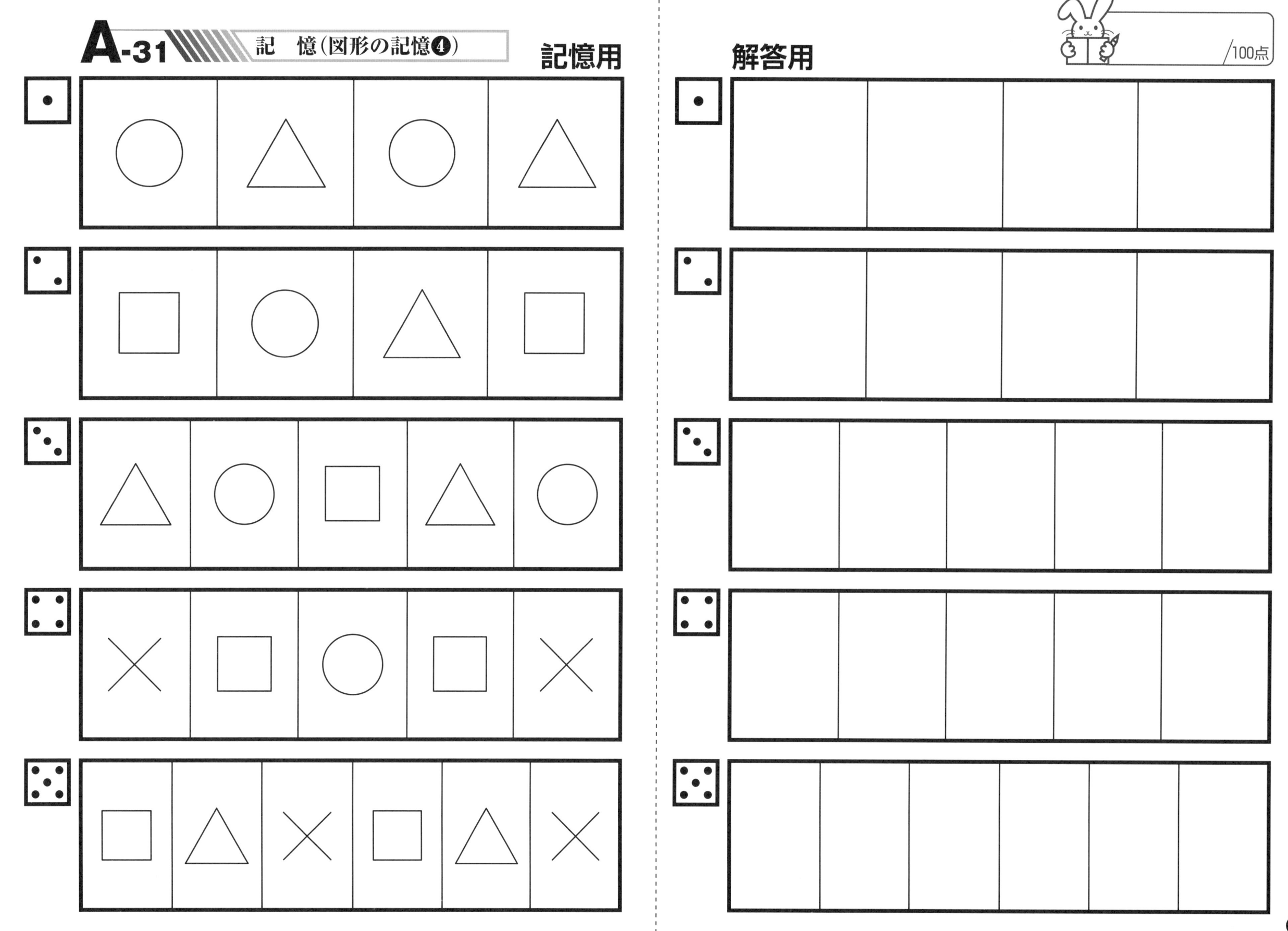

記憶用　　解答用　　/100点

A-32 記憶（総合）

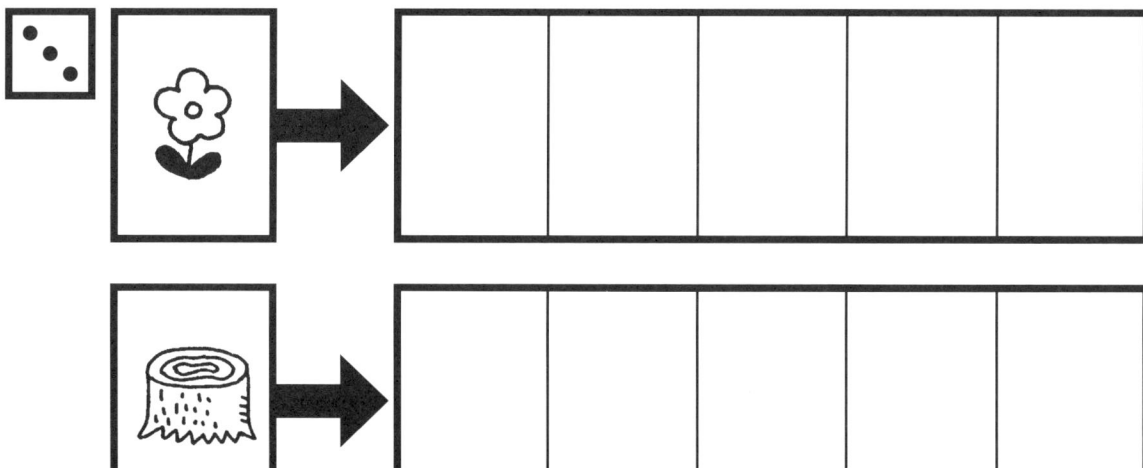

記憶用　　解答用　　/100点